咸陽帝陵

叶师正题

第一册 周陵

中国人民政治协商会议陕西省咸阳市委员会 编著

陕西新华出版
陕西旅游出版社
·西安·

图书在版编目（CIP）数据

咸阳帝陵. 第一册，周陵 / 中国人民政治协商会议
陕西省咸阳市委员会编著. — 西安：陕西旅游出版社，
2019.7（2024.8 重印）
  ISBN 978-7-5418-3670-1

  Ⅰ. ①咸… Ⅱ. ①中… Ⅲ. ①帝王－陵墓－介绍－咸
阳 Ⅳ. ①K928.76

中国国家版本馆 CIP 数据核字 (2018) 第 146671 号

咸阳帝陵·第一册·周陵　　中国人民政治协商会议陕西省咸阳市委员会　编著

责任编辑：邓云贤
出版发行：陕西新华出版传媒集团　陕西旅游出版社
　　　　　（西安市曲江新区登高路 1388 号　邮编：710061）
电　　话：029-85252285
经　　销：全国新华书店
印　　刷：永清县晔盛亚胶印有限公司
开　　本：787mm×1092mm　　　1/16
印　　张：13.5
字　　数：139 千字
版　　次：2019 年 7 月　　第 1 版
印　　次：2024 年 8 月　　第 2 次印刷
书　　号：ISBN 978-7-5418-3670-1
定　　价：59.00 元

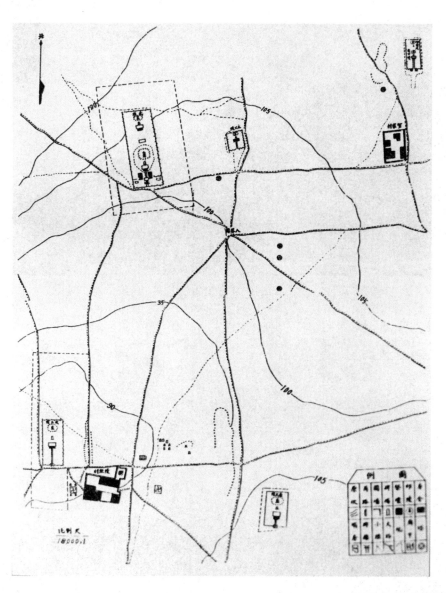

周陵位置平面图

周文王陵司马道

周陵保护区

周武王陵全景

周陵大院

周陵门楼

4

周武王陵碑

周文王陵碑

周陵文管所

文王坊

享殿大门

周陵中学旧址

文武柏

周陵石羊

西周王系表碑

周陵保护碑

"断臂遗风"匾额

前　言

秦中自古帝王都。

自周以降，关中因东有函谷关、西有大散关、南有武关、北有萧关，再加上陕北高原和秦岭两道天然屏障，自古以来便是兵家必争之地，周、秦、汉、唐曾在此建立了统一、强盛、繁荣的王朝。咸阳作为关中的核心区域，地势平坦，土壤肥沃，自然灾害极少，对于以农业为主的古代中国来说，咸阳自然成为京畿之首选。因此，民间俗语有"咸阳原上埋皇上"，也就不足为奇了。

自秦孝公十二年（前350）建都城于咸阳，至今已2300多年。2300多年来，在咸阳这块土地上上演了一幕幕惊心动魄、令人兴叹的历史大剧，诞生了一个个叱咤风云、扭转乾坤的历史人物。研究中国历史，咸阳自然成为绕不开的话题。尤其是咸阳原上的27座帝王（个别为死后追封）陵墓，数量之庞大、人物之著名，为全国之罕有。如周文王姬昌、周武王姬发、汉高祖刘邦、汉武帝刘彻、前秦世祖宣昭皇帝苻坚、唐高祖李渊、唐太宗李世民、则天大圣皇帝武曌等，都对中国历史进程产生了重大影响。与帝王陵墓并存的数量巨大的陪葬墓，墓主中不乏历史名人，如姜子牙、周公旦、霍去病、李靖等。

"夫以铜为镜，可以正衣冠；以史为镜，可以知兴替；以人为镜，可以明得失。"中国作为一个具有悠久历史的文明古国，历史积淀深厚，文化博大精深，发展过程波澜壮阔，文物遗存世所罕见。通过对历史事件、历史人物及遗存文物的研究分析，我们既可以从中获得经验，又可以从中吸取教训。基于这样的想法，加之咸阳独有的帝陵文化，我们组织有关专家学者编写了这部《咸阳帝陵》丛书，以满足读者研究帝陵文化的兴趣。

这套丛书共 10 册，将咸阳原上的 27 座帝王陵墓按朝代顺序分别或合并编写。

第一，对历史上的著名帝王陵墓或挖掘保护规模较大的帝王陵墓单独成册，如周陵、长陵、阳陵、茂陵、昭陵、乾陵。将历史上的一般帝王陵墓按朝代合并成册，如汉六陵是将安陵、平陵、渭陵、延陵、义陵、康陵合为一册；南北朝及隋陵是将苻坚墓、孝陵、泰陵、隋炀帝陵、庄陵合为一册；唐初四陵是将永康陵、兴宁陵、献陵、顺陵合为一册；唐中后期六陵是将建陵、崇陵、庄陵、端陵、贞陵、靖陵合为一册。

第二，每册内容基本结构分为以下五部分：

（一）陵墓概况。主要包括地理位置与历史沿革、陵墓形制与陵园结构、陪葬墓等。

（二）文物与旅游。主要包括文化遗存（不可移动文物包括古遗址、古建筑、石窟寺及石刻，可移动文物包括石器、陶器、瓷器、玉器、金银器、碑刻、书画作品等）、旅游开发现状与规划等。

（三）与陵墓有关的人物及故事。主要包括人物生平、成语故事、典故等。

（四）吟咏陵墓及墓主的诗词歌赋。

（五）参考文献

（六）附录。主要包括大事记、与陵墓有关的学术研究成果等。

第三，一陵一册的书稿并不意味着只记述一位帝王的情况。如周陵，历代统称周陵，实际上包括文王、武王、成王、康王四座王陵，以及姜子牙、周公、太公、鲁公等陪葬墓。乾陵为唐高宗李治与女皇武则天的合葬墓。

第四，对于考古界和学术界有存疑、争议的陵墓，一般仍依历史定位或主流观点叙述，但同时阐述其他不同观点或最新考古研究成果。如周陵、隋炀帝陵、隋恭帝庄陵。特别是周陵，自宋代以来，官方一直将其作为周文王、武王的陵祭祀。虽然当代有学者研究认为周陵并非周文王、周武王的陵墓，但我们认为不管今后考古研究成果如何，千百年来周陵都是中华文化的重要历史遗迹，迄今为止仍然应该按周代陵墓来加以叙述。

另外，需要说明的是，经过多次与数位专家学者、出版社编辑研讨，我们将这套丛书定位为文史通俗读物，既区别于正史的严肃枯燥，又不同于野史的道听途说；既确保重大事件、重要人物的真实准确性，又兼顾阅读的故事性、趣味性，希望读者能够接受。

由于这套丛书由多位作者分别撰写，虽然有总体框架，但由于各位作者掌握的资料不同、研究方向各异、写作手法有别，读起来难免有风格不够统一之感，敬请读者谅解。

为丛书撰写稿件的作者大部分来自文物工作第一线，还有长期从事文物和考古工作的学者，其中好几位同志至今仍担任博物馆和文管所的馆长或所长。如茂陵博物馆馆长王志杰，从事文物保护和研究工作近60年，是全国著名的汉史专家、文物保护专家。他年事已高且身体多病，为本丛书撰写约20万字，敬业精神令人十分钦佩。张德臣先生年逾八旬，长期从事文物考古与研究工作，亦欣然撰写了8个陵的内容约16万字，为后辈学者树立了典范。其他同志在本职工作任务十分繁重的情况下，根据自己多年研究心得，挤出业余时间认真撰写稿件，亦令人感动。在此向各位作者深表感谢。

《咸阳帝陵》丛书编委会

序　一

守护民族根脉　坚持文化自信

时值"惟有绿荷红菡萏，卷舒开合任天真"的盛夏，由咸阳市政协组织相关专家编著的《咸阳帝陵》丛书（10册）册圆满收笔，付梓出版。在我的记忆中，自2004年咸阳市委宣传部组织出版《咸阳旅游历史》丛书之后，它是迄今为止规模最大、专题性最强，集学术性与普及性、知识性与可读性、存史性与实用性为一体的帝陵文化丛书；也是党的十九大以后，在新时代中国特色社会主义背景下，我市编著的第一套系统的历史文化读本。整套丛书各册既可以各自成书，又可以整体呈现，观点鲜明、资料翔实、文字流畅，贯彻了习总书记关于"重视历史、研究历史、借鉴历史"的重要思想。它的面世，必将帮助广大读者进一步深化咸阳文化在中国历史中的地位与价值的认知，进一步擦亮"大秦故都，德善咸阳"的城市名片，大力弘扬"崇德包容，尚法创新"的咸阳精神，为建设富强、人文、健康的新咸阳而凝心聚力、团结奋斗，谱写追赶超越新篇章；必将对提高咸阳的文化竞争力，让咸阳走向世界、让世界走进咸阳发挥积极的推动作用。

"秦中自古帝王州"，咸阳是享誉中外的历史文化名城，是中国第一个统一的多民族封建中央集权国家的首都，至今已有3000多年建城史，2360多年建都史。公元前350年，秦孝公定都咸阳，启用商鞅变法图强，短短10年间将秦国建设成为当时综合国力最强的大国。公元前221年，秦始皇统一六国后，大力推行政治、经济、社会方面的改革，建立了以"郡县制"为政体，以"三公九卿"为行政机构的东方国家形态；构建了"书同文、车同轨、度同制、行同伦"的制度体系，缔造了"敢为人先、开放包容、勇于创新、诚实守信"的人文精神，从而奠定了咸阳"中国第一帝都""中国文字统一之都"的地位。

汉以后，中国古代政治、经济、文化中心东移，作为京畿之地的五陵原成为规模宏大的皇家陵园。西汉著名史学家班固在《西都赋》中这样写道："北眺五陵，明都对郭，邑居相承，英俊之域，绂冕所兴，冠盖如云……充奉陵邑，盖以强干弱枝，隆上都而观万国也。"生动地道出了五陵原作为皇家陵园的地理优势——塬高土厚，地势开阔，风光旖旎，光照充足。在西起兴平市，东到高陵区，北接泾阳县，南达渭水之阳，方圆800平方千米的塬面上，分布着27座帝王陵墓和2000多座陪葬墓，长眠着28位帝王和生前与他们朝夕相伴的名将重臣。这些在高原腹地隆起的山冢，向天而立，气势磅礴，绵延百里，蔚为大观。

从"六国楼台艳绮罗"的崔巍帝都到"摩挲高冢卧麒麟"的皇家陵园，是曾经被外国学者称为"世界中心"的五陵原的地标内涵，由实体文化转化为意象文化，由动态文化转化为静态文化，由活体文化转化为标本文化的标志。这些帝陵的地上和地下，留下了大量精彩纷呈的人文景观，琳琅满目的石刻作品，美不胜收的墓道壁画。汉三千兵马俑的威武雄风，茂陵石刻的恢宏气势，唐陵壁画的五彩缤纷，使咸阳成为一座巨大的地下博物馆。所有这些，都在《咸阳帝陵》丛书中得到了图文并茂的展现和绘声写影的描述。从这个意义上说，《咸阳帝陵》丛书是我市文化建设上一项光前裕后的工程。

意大利著名历史学家克罗齐说："陵寝不是愚蠢和幻觉，而是借以肯定象征性的道德行为。死者，依然活在我们的记忆中，并将活在未来人的记忆中。"他认为"一切历史都是当代史。"习近平总书记指出："历史是最好的教科书。"咸阳帝陵文化是十分珍贵的历史资源，是构成咸阳城市文化品格、文化风貌、文化特征的重要组成部分。我们一定要充分挖掘和利用这些文化资源，使之成为深化以爱国主义为核心的民族精神教育，深化市情教育，深化社会主义核心价值观教育，强化中国特色社会主义文化建设系统而又生动的教材。

弘扬历史文化传统，可以增强民族文化自信。习总书记说："文化自信，是更基础、更广泛、更深厚的自信。""中华优秀传统文化是我们最深厚的文化软实力，也是中国特色社会主义植根的文化沃土。"咸阳帝陵所蕴含的传统文化，代表了中国古代政治改革的高峰、经济发展的高峰、文化繁荣的高峰和对外开放的高峰。至今，我们仍然能够透过汉茂陵的文物陈列，感受儒家思想的熠熠光彩，聆听悠悠驼铃的丝路传播；透过唐乾陵前的翼马、雄狮雕塑和六十一蕃臣石像群，体味在长达三个世纪的漫长岁月中，盛唐王朝"琵琶长笛曲相和，羌儿胡雏齐唱歌""汉家海内承平久，万国戎王皆稽首""自笑中华路，年年送远人""圆魄上寒空，皆言四海同"的大开放格局，大包容胸怀。据不完全统计，几乎所有的中亚、西亚和东亚国家都曾向唐长安城派驻遣唐使，其中派遣唐使人数最多的要数日本，一次人数达500多。不仅有留学生，还有留学僧，唐陵陪葬墓中出土的迎宾壁画，正是这种繁华盛景的再现。这些足以使我们"保持对自身文化理想、文化价值的高度信心，保持对自身文化生命力、创造力的高度信心"。我们要善于从历史文化中汲取智慧和教训，汲取精神力量，鼓舞全市人民珍惜昨天、建设今天、关注明天，为推进咸阳的追赶超越、跨越发展"注入更基本、更深沉、更持久的力量"。

整合历史文化资源，可以推进文化旅游升级。进入21世纪以来，文化、文物与旅游的内在联系和相互促进越来越引起媒体与学界的关注。文化是灵魂，旅游是载体，已经成为人们的共识。充分运用咸阳帝陵文化的研究成果，大力整合开发咸阳帝陵文化资源，让文物走出地下，让历史走出书本，让辉煌走出传说，富有质感地展现在国内外游客面前，对于提升我市旅游水平，推进全域旅游，有着重要的战略意义。可以围绕咸阳帝陵文化，大力开发旅游文化产品，满足多层次、多地域、多类型游客的精神文化需求；要以咸阳帝陵景观为基准，大力拓展产业链，搭建展演、展示、参与、体验平台，引领帝陵文化审美趋向；历史与现实相结合，打造汉唐文化遗址公园，构建集观赏性、娱乐性、体验性于一体的旅游实体，从而把文化贯穿于旅游全过程，有助于克服目前各地存在的同质化发展倾向，形成主题鲜明、个性突出、良性循环的文化旅游产业。

挖掘历史文化精华，可以促进文化繁荣发展。《咸阳帝陵》丛书虽然以介绍帝陵文化为宗旨，但承载帝陵文化的是"人"，是曾经书写了历史辉煌的"人"。每一座帝陵都蕴含着或铁马金戈，或腥风血雨，或欢歌悲戚，或感荡心灵的故事。这些都为作家、艺术家发掘文化资源提供了丰富的素材，为繁荣历史文化创作奠定了坚实的基础。真诚地希望广大作家、艺术家从《咸阳帝陵》丛书中选择题材、提取素材、发现亮点、开掘看点，以丰富多彩的艺术形式、浓墨重彩的艺术形象、璧坐玑驰的清词妙句，让"天汉雄风""盛唐气象"走上屏幕，让英雄主义的浩歌登上舞台，让以爱国主义为核心的民族精神永远流淌在文化长河中。

写到这里，我不由想起英国史学家乔纳森·克莱门特斯在《秦始皇》一书中宣称："世界的中心在黄河畔肥沃的冲积平原上。"这位金发碧眼的英国人用饱蘸诗情的笔墨写道："黄河有一条渭河，它从山谷出发，流向高地，这就是秦国。一个从蛮荒的西部内迁的国家的封地。"作为生活在"世界的中心""高地"的我们，比任何时候都更加从世界的声音和目光中领会到，"五陵原"已经不仅仅是皇家陵园的所在，而成为一个象征中国古代文明高度的文化符号，一个记录了历史上的中国怎样引领世界文明的高端标识。诚如德国哲学家黑格尔所说:"我们既是历史的创造者,又是历史的产物。"正是这种文化角色,赋予我们以传承和创新的双重使命,崇高而又艰巨。

征程正未有穷期,我们的守望和呵护永远在路上!

杨焕亭

2018 年 6 月 18 日于咸阳

(作者系文化学者、中国作家协会会员、咸阳市作家协会原主席、咸阳师范学院兼职教授)

序 二

石器时代，就有先民在咸阳市北郊的咸阳原繁衍生息。商代，这里是天官吴回后裔的封地。公元前1146年，周师伐程，战于毕，被王季所灭，王季随都于此，称毕程。公元前1082年，周人自岐迁程，武王建镐前，毕程为周人宗庙所在地。周初，封文王十五子高于此称毕国，后人称"毕郢"（"郢"通"程"），故咸阳原有"毕原""毕郢原"之称。咸阳原原面平坦，形似"毕宫"，北有九嵕山、嵯峨山形成的北山系，南有秦岭雄峙，东有华山余脉，西有岐山、杜阳山阻踞。周人定都沣镐后，这里自然是被选定的修建皇家陵园的风水宝地（龙穴）。"咸阳原上埋皇上"是周人以开先河，后世效法之。首先安葬于这块风水宝地的是周文王、周武王、周成王、周康王及周公、太公、鲁公、毕公君臣，后世称周陵。

继周陵之后，秦惠文王、悼武王，汉茂陵、平陵、延陵、康陵、渭陵、义陵、安陵、长陵、阳陵，唐兴宁陵、唐顺陵都以周陵为中心排列在咸阳原上，"唐十八陵"也是在广义的咸阳原范围内，还有近年来我们发现的北周帝陵。这些不同历史时期的帝王陵将相墓在咸阳原上星罗棋布，如天体繁星。而数以千计的星座所拱卫的就是周陵。

西汉武帝元鼎四年（前113），诏封周公三十六代孙姬嘉为周子南君，秩视列侯，以奉先祀，直到中华民国封八十一代孙姬立发，三年袭。国人对周四王及周公的祭祀，从庙祭、祠祭、墓祭到庙、祠、墓并祭，绵延数千年。从一年小祭、三年大祭到每年春秋两祭，样式各不相同。这是一种文化的延续，是国人精神的寄托，是民族灵魂的凝聚。

20世纪30年代，冯玉祥、杨虎城、张学良、陈嘉庚、于右任等爱国人士均曾先后谒拜周陵。新四军政治部主任袁国平拜谒周陵后，为周陵中学题词："读书不为救国亡，救国不忘读书。"

这一时期周陵的绿化保护和祀典是空前的，中央及地方许多官员纷纷捐款、筹款修缮周陵古建筑并绿化陵园。大的绿化有西京筹备委员会连续3年的绿化工程和1935年民国政府行政院长戴季陶筹款在陵园种植18000棵柏树，还有上海中国济生会等机构筹款对周陵古建筑和陵园墙进行了修缮。这时政府颁令不得在周陵陵园内打柴放牧。清代中晚期，周陵的植被环境就已相当不错，因此才有"咸阳八景"和"渭阳十胜"中的"文陵荟郁"。而这时的植被环境比那时更茂密、更葱郁。"八卦路"将文王、武王、成王、康王陵及周公、太公墓相连，其间杏树、桃树及300亩柏树林、杂木林，郁郁葱葱。每年清明节，由省、县成立专门临时机构筹备祭祀周陵的准备工作，要训练民兵和童子军，要整修道路，修剪树木。参加人员有中央、省政府及机关长官、机关公务员、各校师生。

1958年"大跃进"开始后，周陵的柏树被砍伐和转移，祭祀一度停止。改革开放后，各级政府对周陵的保护工作十分重视，尤其是 1997 年成立周陵文物管理所以后，渭城区政府逐步将周陵中学占用的土地和文物移交给文管所，并在上级文物部门的指导下对周陵古建筑进行修缮。2000 年将周陵农场所属的 525 亩陵区土地及周陵中学所属的 62 亩古建区土地一次性划拨给文物部门。近 10 年各级政府和文物主管部门相继拨款近 500 万元对周陵古建进行修缮，并新修碑廊、铺设地砖、新修陵园围墙及重塑文王、武王、周公像，为民众祭祀周陵和发展周陵的旅游业打下了坚实基础。

改革开放后，前来周陵游谒的海外华人数量不断增加，面对他们寻根的渴望、问祖的祈盼和对祖国、对民族的热恋之情，各级政府大力支持，文物部门加快了景区的文物保护规划和基础设施建设。

继 2002 年清明周陵旅游开发管理处组织咸阳文化界恢复周陵公祭活动以后，"咸阳祭周"祀典逐年盛大且完善。

2008 年《周陵文物保护规划》通过专家评审，随后的文物保护工作逐步推进。古老而神秘的周陵正在向全人类展示中华民族"礼""易"文化的博大精深。周文化旅游景区热诚欢迎全球华人来周陵祭祀先贤，寻根问祖，知礼探易。

张俊辉

目录

前　言　　　　　　　　　　　　　　　1

序　一　　　　　　　　　　　　　　　1

序　二　　　　　　　　　　　　　　　1

第一章　周　陵　概　况

　　第一节　周陵基本情况　　　　　　2

　　第二节　周陵陪葬墓　　　　　　　12

第二章　文物遗存与旅游现状

　　第一节　文化遗存　　　　　　　　14

　　第二节　可移动文物　　　　　　　32

　　第三节　周陵文化遗产选录　　　　34

　　第四节　旅游开发现状与规划　　　43

第三章　周陵人物概况

　　第一节　人物生平　　　　　　　　52

　　第二节　逸闻趣事　　　　　　　　76

第四章　诗词歌赋咏周陵

　　第一节　诗　　　　　　　　　　　84

　　第二节　词　　　　　　　　　　　91

　　第三节　赋　　　　　　　　　　　92

第五章　周陵学术著作

参考文献　　　　　　　　　　　　　　　　156

附　录　　　　　　　　　　　　　　　　158

后　记　　　　　　　　　　　　　　　　181

第一章

周陵概况

第一节　周陵基本情况

一、地理位置与历史沿革

周陵是西周文王、武王的陵墓，位于咸阳市渭城区周陵街道办，为陕西省第一批重点文物保护单位。

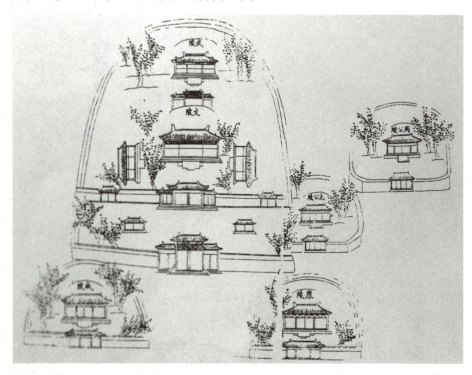

周陵旧平面图

咸阳，商代为毕程氏的封地。武乙廿四年（前1118），周族首领季历灭毕程氏，将此地作为居邑之地。孟子曰："文王生于岐周，卒于毕郢"，这是周文王葬于咸阳的最早记载。

周陵的存在及其所在地咸阳的历史沿革，丰富了咸阳历史文化名城的内涵。咸阳祭周活动，史料可查者，始于北魏。

《魏书·地形志》记载，咸阳郡石安县（今咸阳市区）有周文王祠。杜佑《通典》记载，隋代祀"文王、武王于沣渭之郊，以周公召公配"。《文献通考》记载，唐宪宗元和七年（812），"周文王武王祠宇，在咸阳县者，宜令有司精加修饰"。北宋乾德初年（963），朝廷下诏文王陵、武王陵每3年祭祀一次。明代，祭祀扩大到成王陵和康王陵。朝廷每3年出祝文香帛，遣太常寺乐官致祭。清初在文王陵、武王陵、成王陵、康王陵筑祭坛，建献殿。清康熙四十二年（1703），康熙皇帝到关中祭祀，所经诸陵独为周陵的文王陵、武王陵御制祝文。1934年，蒋介石携夫人宋美龄来周陵祭祀。近年，海外归侨寻根问祖，前往周陵祭祀者不断。可见，"咸阳祭周，曲阜祭孔"，乃历史积淀使然。

北宋时，周陵屡经建设和修葺，陵园古建、碑碣和封土等浑然一体，已形成有历史价值的文物群体。

明清时期，政府和社会团体对周陵的修缮比较重视，这时的周陵植被和自然环境极为优美，

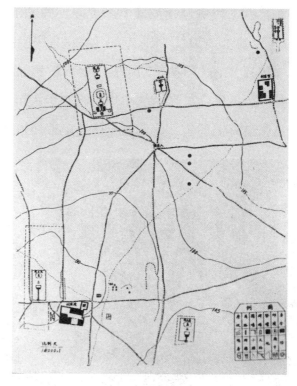

周陵新平面图

八卦路将文王陵、武王陵、成王陵、康王陵相连。其间，柏树林、杏林、杂木林郁郁葱葱，鸟语花香。"咸阳八景""渭阳十胜"中对"文陵翁郁"这样描述："灵芝翠柏拂佳城，不比空悬秦汉名。殿宇仙狐时御火，猎人从未角弓鸣。"

据史料记载，当时文王陵、武王陵占地3顷22亩，奉祀陵户4户；成王陵占地1顷80亩，奉祀陵户2户；康王陵占地1顷，奉祀陵户2户；周公墓有陵户2户。据《周陵志》记载：明万历四十三年（1615），咸阳知县马洵与县丞李祖树、典史李时辉重修文王陵、武王陵及周公墓、太公墓。

中华民国时，主要是社会团体和个人，以及后来的西京筹备委员会对周陵进行了绿化和修缮，也打破了陵园固有的格局。中华民国十八年（1929），上海中国济生会等各善团捐款4900余元，以工代赈修缮周陵献殿5间、两庑10间、前殿3间、牌坊1座、墙垣370丈，以及大门及左右房屋等。中华民国二十一年（1932），咸阳县长刘国安、督同教育局长刘汝容在文王陵建立县立第一民众教育馆。中华民国二十一年（1932），国民政府委员张继拜谒周陵，拨款万元修缮陵墓、古建筑，植树千余株。中

周陵大院

华民国二十三年（1934），戴季陶捐款增修新式大门一座（民众教育馆已改为当时咸阳县立第二小学），琉璃浮雕装饰，气势宏伟，中额书"周文武陵"，两侧为时任西安师范校长侯佩仓撰文，岐山县县长段绍岩（明达）书写的长联"耿光大列启西周表海诘戎稼穑贻谋十五世，俊德敉功崇懋缋据泾浮渭葱茏佳气万千春"。由戴季陶书写，将木牌楼中额"文王坊"改为"文化之祖"。同年，西北农学院（今西北农林科技大学）将文陵外余地尽数购买，作为林场。成王陵、康王陵两陵外余地仿照此办法。中华民

周陵保护碑

国二十四年（1935），戴季陶筹款，围文王陵、武王陵一周种植柏树18000余株，形成了文王陵、武王陵陵园的绿色围墙。中华民国二十四年（1935），西京筹备委员会维修周陵至茂陵道路，并在道旁植树1080株。1937—1940年植树5000株。中华民国二十八年（1939）、二十九年（1940）、三十一年（1942），周陵中学学生及家长，拆成王陵、康王陵、周公墓、太公墓前破旧

献殿、牌坊，取木料砖瓦修建校舍。在成王陵前发现贝壳类生物化石一块，后将其嵌于戏楼东山墙之上。后报经县政府批准，将咸阳城内北街安国寺中的 7 间睡佛大殿拆迁搬运至周陵，修建礼堂，定名为"总理纪念室"（今献殿）。此后几年政府对陵区进行了大规模改建，并带领学生在陵园内植树约 10000 余株（包括文王陵墓冢），迁移历代祭碑到享殿与献殿之间加以保护。

中华人民共和国成立后，政府对周陵的文物保护工作极为重视。1956 年 8 月 6 日，陕西省人民政府公布周陵为第一批省级重点文物保护单位（包括嵌于享殿内墙上的张琮碑）。1997 年 2 月，经陕西省文物局批准，渭城区人民政府成立周陵文物管理所，副科级建制，定编 5 人，同时将文王陵、武王陵的重点保护区土地、古建筑及司马道部分建筑划归文管所管理。同年，陕西省文物局、渭城区政府拨款 56 万余元，对大殿、东西配殿、碑廊进行了修缮，拆除了中殿，修建了登陵台阶，在大殿内塑文王、武王、周公像。是年像成，各界民众前来祭拜。2000 年 8 月 30 日，渭城区区长办公会决定，将周陵中学所属教学楼以东 62.5 亩土地及地面建筑

周陵保护区

6

和周陵农场所属陵区土地 320 亩及柏树林划归文物部门，用于文物保护。同年底，渭城区政府投资 100 余万元修建陵园仿古围墙，完善了基础设施。2004 年，陕西省文物局拨款 15 万元，由文管所组织实施对木牌坊进行修缮，修缮后的牌楼额匾恢复"文王坊"字样。

2009 年 1 月 16 日，《周陵文物保护规划》评审通过，为周陵的文物保护利用工作提供了依据。

附：周陵历代修葺表

朝代	年号	年代（公元）	机构名称	主持人	职衔	经费来源	摘　要	开、竣工日期
西汉	元封三年	前 108 年		姬昭	周承休侯		整修陵寝	
北魏	延兴三年	473 年					兴修文武之祀	
隋							修坠举废	
唐	天宝七年	748 年					诏建祠宇，修武王陵庙、武王庙、康王庙	
	元和十四年	819 年					敕有司精修饰周文王、武王祠宇	
宋	建隆元年	960 年					诏前代帝王陵寝，坠毁者修葺	
	开宝三年	970 年					诏西京凤翔雄耀等州，周文王、周成王、周康王，秦始皇，汉高帝、汉文帝、汉景帝、汉武帝、汉元帝、汉成帝、汉哀帝等 27 陵，凡被盗发者，具棺椁重葬	
	开宝四年	971 年					发厢军千人，修秦地前代帝王陵寝	三月
	开宝六年	973 年					修武王陵、武王庙、康王庙	
	咸平元年	998 年					诏葺历代帝王陵寝	十一月

续表

朝代	年号	年代（公元）	机构名称	主持人	职衔	经费来源	摘　要	开、竣工日期
宋	景德元年	1004 年					诏前代帝王陵寝，摧毁者官为修筑，并禁采樵	
	天禧元年	1017 年					诏州县申前代帝王陵寝樵采之禁	六月
明	洪武三年	1370 年					遣使访先代帝陵，伏羲以下，周文王、武王、成王、康王至宋理宗，凡 36。陵寝发者掩之，坏者完之	十二月
	洪武四年	1371 年		礼部议定			陕西 15 座帝王陵，中部祀黄帝，咸阳祀文王、武王、成王、康王陵等，命有司岁时修葺	
	洪熙—成化	1425 年—1487 年					修寝庙，增建殿门、斋宫	
	嘉靖十年	1531 年					修庙宇，移碑碣于其旁	
	嘉靖二十八年	1549 年		刘公	监察御史	发公府千金		
	万历十一年	1583 年		萧公、李孝公	中丞	捐工		冬峻
	万历四十三年	1615 年		马珣	县长		重修文王、武王陵，周公、太公墓	
清	康熙十四年	1675 年			土民捐资	更新祠庙		
	雍正七年	1729 年					诏所在有司，修葺古代帝王陵寝	二月
	雍正十三年	1735 年				城乡绅士捐白银165两	修祠庙	二至三月

朝代	年号	年代（公元）	机构名称	主持人	职衔	经费来源	摘要	开、竣工日期
清	乾隆元年	1736年				动用公存银两	酌量修理，勿令完整	三月
	乾隆十一年	1746年					着该督抚查明情况，酌筑围墙	三月
	乾隆十五年	1750年		李祖树	川陕总督	清修周文王、武王、成王、康王及周公、太公墓	康王陵建享殿5间、头门3间、围墙1776.6丈	七月至十月
				陈宏谋	陕西巡抚	白银599两	修葺文王陵祭殿5间，东西庑10间，东西乐楼各一座，东西更衣亭各2间	
	乾隆四十年	1775年					各陵均修	
中华民国	十七年	1928年	蓝田长安华县	朱兆濂郭毓章				
	十八年	1929年	上海中国济生会、上海陕灾临时赈会、义善惠生社华北灾赈会、南浔庞氏	张贤鲁周指南朋李佩琴张嘉瑞段登岳岳涵亭	清查员、咸阳县长、设长县商会财务局员务会长建局商会	捐助工赈洋4900余元	修文王、武王、成王、康王、恭王各陵，鲁公、太公墓，汉昭帝、元平帝诸陵。文王陵修葺献殿5间，两庑10间，前殿2间，3座牌坊，左右房屋、大门，围墙370丈（实补筑文王陵2门3间，其他为修补）	
	二十一年	1932年		张继	国政委民府员	筹捐万元	由陕西省政府克期兴办，自夏徂冬，工程精就，陵墓增新，殿寝式崇，筑围墙数百丈，环陵栽树数千株	

二、陵墓形制与陵园结构

周文王陵封土为覆斗状，现存高度14米，形状较规整，顶部平台宽阔，四面斜坡中部略隆起。封土为五花土夯筑而成，土质坚硬，夯层厚0.3米。陵墓顶部北、西、东三面有1926年镇嵩军挖的战壕。陵墓前正南方立有清代陕西巡抚毕沅书"周文王陵"石碑一通。

周文王陵

周文王陵司马道

周武王陵封土为覆斗状，现存高度17.5米，为五花土夯筑而成，比文王陵封土更密实、坚硬，夯层厚0.3米。陵墓前正南方立有清代陕西巡抚毕书"周武王陵"石碑一通。

周陵陵园呈长方形，分内外园。内园南北长756米，东西宽270米，面积204120平方米。陵墓居陵园之中，周文王陵在

周武王陵碑

南，周武王陵在北，两陵被灌木覆盖。

周陵陵园文物保存完整，文化底蕴深厚。现遗存周文王墓、周武王墓、太公墓、周公墓、鲁公陵墓，庙区古建群遗存献殿两座、配殿两座、木牌坊一座。特别是40余通历代帝王祭祀周陵碑碣保存完好，是我国古代御制祭祀碑文最多的陵园，为"咸阳八景"之一，有"小碑林"之称。两座陵墓保存基本完好，献殿、木牌楼经过修茸和彩绘。陵园占地近千亩，松柏环绕、郁郁葱葱，1935年戴季陶倡导所植柏树200余亩，蔚为壮观。

周武王陵全景

第二节 周陵陪葬墓

周公墓封土为覆斗形，底边边长 35 米，顶部东西长 12 米，南北宽 11 米，斜高约 8 米。墓前立有明代陕西监察御史刘仑书"周元圣周公之墓"石碑一通、清代陕西巡抚毕沅书"元圣周公之墓"石碑一通。

太公墓封土为圆锥形，底边周长 40 米，斜高 8 米。墓前立有清代陕西巡抚毕沅书"齐太公之墓"石碑一通。

鲁公墓封土为圆锥形，底边周长 72 米，斜高 7 米，墓前立有清代陕西巡抚毕沅书"鲁公伯禽之墓"石碑一通。

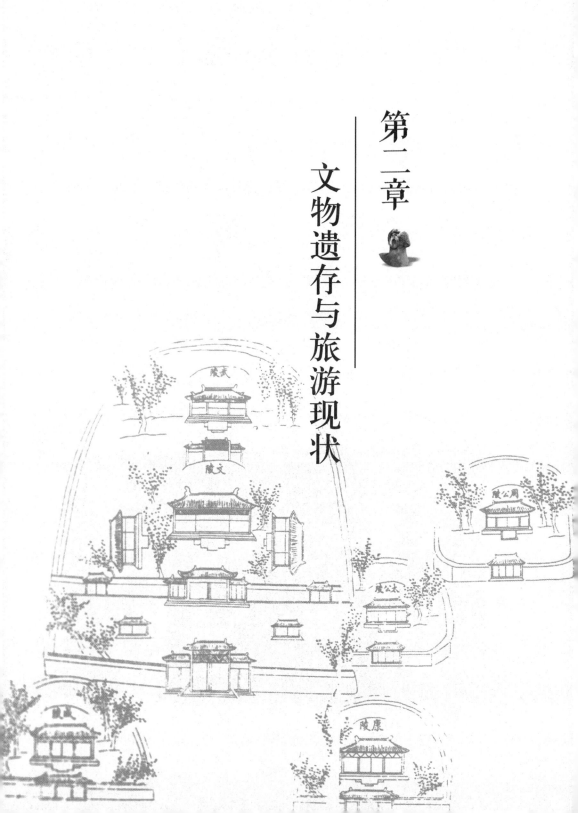

第二章

文物遗存与旅游现状

第一节 文化遗存

一、古建筑

周陵古建群位于文王陵前，唐宪宗元和二十四年（829）赖有司精修咸阳文武祠宇。宋、明、清时祭祀周陵之风甚盛，屡加扩建并修葺，周陵祠庙"宏规大起，巍焕曾新"，陵垣广筑，碑石林立。旧志载明代重修文王陵，并立碑，孔天胤撰文，碑佚。清乾隆十一年（1946）敕修，清乾隆十五年（1750）奉谕遵行，文王陵前修献殿5间，东西两庑10间，二门3间，东西乐楼各一座，均在二门两旁角门内。角门外有更衣亭，东西各3间，东为享亭，西为琴亭，更衣亭前有牌楼一座。现存建筑群系1929年各善团赈修，均在文王陵前，南北长75米，东西宽20米，占地面积约

享殿大门

500平方米。建筑为三进院落，前为四柱三孔木牌楼，顶为四阿式，四角挑檐，下为十一踩斗拱结构，顶覆灰色筒瓦、勾头，局部间饰琉璃瓦。正中上方木匾阳刻"文王坊"3个金色大字，牌楼北面连接戏楼。向北沿中轴线第一进为5间大殿，第二进为3间瓦房，第三进为7间享殿（献殿）。殿前有廊檐，为砖木结构，四阿式屋顶覆普通灰瓦。享殿前东西各有普通厢房5间。

文王坊

二、石刻

周陵陵园内保存的历代"御制祝文"碑，以等级之高、数量之多，被誉为"小碑林"。《周陵志》记载周陵有碑文80余通。从碑文内容看，大多为祭祀周文王、武王、成王、康王及周公的碑。周陵博物馆现保存、陈列碑石44通，有明洪武四年（1371）祭周文王陵《御制祝文》碑，中华民国十八年（1929）《重修周

周王先世世系表碑文

文武王陵碑记》等，其中大部分碑为清代祝文碑。清代，大凡国家有大事发生，都派遣官员致祭周陵，没有定数。现存的清代祝文碑有清康熙二十一年（1682）致祭碑，康熙三十五年（1696）致祭碑，康熙四十二年（1703）御名致祭文王、武王碑，清乾隆四十一年（1776）致祭碑；明清祭周陵碑大都为圆首、方额，额首上书

"御制祝文"字样，两侧线刻龙纹或凤纹，碑身四周饰以云纹和蔓草纹。

　　此外，周公墓前的清康熙二十五年（1686），周公七十二代孙肇封袭翰林院五经博士野沛然暨次男枝蕃秦祭周公墓碑，碑首浮雕蟠螭，龟座。此碑背面线刻周陵旧平面图，十分珍贵。

　　附碑文选录：

1. 明洪武四年祭周文王陵《御制祝文》碑

维洪武四年岁次辛亥正月乙酉朔月二十有二日丙年

皇帝谨遣侍仪舍人臣闵毅致祭于周文王陵曰：曩者有元失驭，天下纷纭，朕由此集众平乱，统一天下，今已四年矣。稽诸古典，自尧舜继天立极，列圣相传为烝民主者，陵各有在，虽去古千百

余载，时君当修祀之，朕典百神之祀，故遣官赍牲礼，奠祭修陵。歆音。

2. 清康熙四十二年致祭文王、武王碑文

维康熙四十二年岁次癸未五月己巳朔越二十六月庚午

皇帝遣大理寺少卿莫音代致祭于周文武王之陵曰：自古帝王继天立极，出震承乾，莫不道洽寰区，仁周遐迩。朕亲承丕绪，抚驭兆民，思致时雍，常殷惕厉厉，兹四十余年。今岁适届五旬，宵旰兢兢，无敢暇逸，渐致民生康阜，世运昇平，顷因黄淮告成，亲行巡历，再授方遄回銮驭大沛思膏用。遣专官敬修祀典，冀默赞郅隆之治，为弘仁寿之休，尚签精忱，俯垂昭格。

陪祭官西安府清军同知程弈

咸阳知县加二级蒋天麟

儒学教谕张拱辰　训导刘象鼎

县丞孙昌铨　典史张克昌　驿丞许彩裕

3. 清乾隆四十一年致祭碑文

维大清乾隆四十一年岁次丙申七月庚午朔越二十九戊戌日

皇帝遣内阁学士塘古泰致祭于周文王陵曰：朕惟帝王沐洽思威，义严彰瘅，锄奸禁暴，昭命讨之，无私辑达绥荒振声灵之有赫，兹以两金川大功，全藏逆党，成俘殄遗孽于番陬，戢武协求宁之志，缅丰功于前代，庆成觇者定之庥。特遣专官，肃将禋祀，惟冀鉴格。

赍送番帛官礼部笔帖式武炽

陪祭官署西安理事分府英安

咸阳知县孙景燧

署县丞试用吏目王文度

17

教谕陈帝典　　训导张云举

典史何泰云

4.中华民国十八年《重修周文武王陵碑记》碑文

中国道统列圣相承迄至文武周公，传于今日历数千载，皆与文化攸关。而文武成康各陵并周公鲁公太公及汉代诸陵均在咸阳县北毕塬之上，文陵气象宏敞，殿宇巍峨，春祈秋极之仪载在史册。昭然圣地，尤为人士钦瞻。惜年久失修，墙垣倾圮。十五年，嵩军祸陕，又就各陵挖作战壕、炮沟，兼之狐穴狼窝累累皆是。本年春余，奉调来兹，每于巡行劝课之余，趋谒景仰，目击心恻，久拟筹划补修，无奈连年干旱，即欲以工代赈，而灾重款缺，有愿难偿。九月间，幸遇上海中国济生会张贤清、鲁指南、周百朋诸老先生慈善为怀来陕施赈，道经斯土，接洽攀谈，道合志同，亦心切存。古遂约同前往勘计，佑工兑款捐修，以工代赈，博施济众，继往开来，两得其益。举周之文武成康恭王各陵，周鲁太公之墓，汉昭元平帝诸陵，凡破坏不堪者悉复其旧。文陵则修葺献殿五间，两廊十间，前殿三间，连三牌坊一座，以及左右房屋大门等处，并墙垣三百七十丈，则前之倾宇颓垣，仍臻加固矣又新。制文武成康王周鲁太公各神位配祀于献殿之中，严肃整齐，其有关世道人心岂浅鲜哉，嗣后奉祀之人暨无识愚民倘敢再有毁伤定按刑律治罪，是役也周君百朋鲁君指南本继绝之心，你赈施之举乐善不倦每日奔走于秋阳之下歇皆宽赈事，必躬亲余亦率同建设局长张嘉瑞、商务会长段登狱、财务局长岳涵亭招集灾民督工监理，不期日而工峻。计鲁君经手上海中国济生会上海陕灾临时赈会联议善会惠生社华北灾赈会暨南泽庞氏捐助工真洋四千九百余元，而数千灾民亦得庆更生矣，爰备述愿末以垂久远，尤望后之来者能观感而保难之则幸甚，谨记。

咸阳县县长李佩琴撰文

上海中国济生会查账员鲁指南书丹

中华民国十八年十月吉日勒石

附：明清祭周陵碑碣表

名称	年代	所在地	规格（米）			形制	内容摘要	撰书人	立碑人	备注
			高	宽	厚					
祭文王碑	明	洪武四年（1371）正月二十二日	周陵献殿前院	1.24	0.7	圆首，方额，碑首线刻二龙戏珠图案，方额篆书阴刻"御制祝文"，碑身边栏线刻云纹、龙纹	皇帝遣侍仪舍人闵毅致祭，碑文13行，满行16字，共计127字，正文91字			《咸阳碑刻》录文，武王碑同
		洪武三十五年（1402）					皇帝遣道士毕友开致祭，碑文10行，满行19字，共计152字，正文141字			
		正统四年（1439）					皇帝遣西安府通判陈和致祭，碑文7行，满行19字，共计76字，其中正文63字			

续表

名称	年代	所在地	规格（米）			形制	内容摘要	撰书人	立碑人	备注
			高	宽	厚					
祭康王碑	景泰元年（1450）正月十五日	陵召	0.8	0.83			皇帝遣翰林院编修刘俊致祭，碑文11行，满行19字，共计128字，其中正文84字	生员张铭书、郭镛刊	上半部刻祭文，下为陵祭执事名	1997年移至周陵献殿院内
祭文王武王碑	景泰年间	陵召								1997年移至周陵
	天顺元年（1457）	周陵					皇帝遣中书舍人周鼏致祭，碑文12行，满行19字，共计98字，其中正文86字			
	成化元年（1465）						皇帝遣润伯、曹振致祭，碑文10行，满行19字，共计80字，其中正文70字			
祭武王碑	弘治元年（1488）四月一日	周陵	1.23	0.5		圆首，圭额，碑首线刻云纹，圭额篆书阴刻"御制祝文"，碑身边栏线刻蔓草纹	皇帝遣恭顺侯致祭。正文4行，满行12字，共计43字			
祭文王碑	正德元年（1506）四月六日	周陵	1.22	0.61		圆首，方额，方座，碑首线刻二龙戏珠，方额篆书阴刻"御制祝文"，碑身边栏线刻几何纹	皇帝谨遣中书舍人庞璁致祭，碑文9行，满行19字，共计55字，其中正文51字		知县孟统、县丞杨宝、典史张善谕庆、教谕孔训、训导李宏	《周陵志》《咸阳碑刻》录文

年代栏"明"字（纵跨成化元年至弘治元年区域）

20

续表

名称	年代	所在地	规格（米）			形制	内容摘要	撰书人	立碑人	备注
			高	宽	厚					
祭武王碑	明	正德元年（1506）	周陵	1.38	0.7	圆首，方额，额篆书"御制祝文"，四周阴线刻腾龙图案，碑身四周刻几何卷云纹。刻字12行，碑文9行，满行19字，其中正文6行55字，末行小字为立碑人名	皇帝遣中书舍人庞璁致祭		杨宝统善庆宏 文、孟、张、孔、李	《周陵志》《咸阳碑刻》录文
祭文王碑		嘉靖元年（1522）六月一日	周陵	1.23	0.62	圆首，无额，自右至左横向阴刻真书"御制祝文"，碑身边栏线刻一道阴线	皇帝遣隆平侯张玮致祭，刻文10行，满行17字，其中正文7行55字		知县李仁史琰谕玺导鹏贵 李典鲁教魏训刘王	王碑六月日《周陵志》《咸阳碑刻》录文
祭文王、武王碑		隆庆元年（1567）	周陵	1.45			皇帝遣宁晋伯致祭，碑文11行，满行19字，共计57字，其中正文10行48字			

名称	年代	所在地	规格（米）			形制	内容摘要	撰书人	立碑人	备注
			高	宽	厚					
	明	万历元年（1573）五月二日	周陵	1.17	0.58		圆首，方额，碑首减底雕刻二龙戏珠图案，额真书阴刻"皇帝谨遣"，碑身边栏减底雕云纹、龙纹	皇帝遣刑科给事中乌升致祭，碑文字数、行数与隆庆元年碑文字数、行数相同		西安知府安嘉善、陪祀咸阳县知县贺愈	《周陵志》误将间时写为历年月日，王碑同高尺宽六五一武庙，4、2.1尺
祭武王碑		天启元年（1621）六月十七日	周陵	1.33	0.56		圆首，方额，碑首减底雕刻二龙戏珠图案，额真书阴刻"皇帝谨遣"，碑身边栏线刻云纹	皇帝遣锦衣卫加正一品俸都指挥使侯昌国致祭，碑文6行，满行22字，正书		陪祀西安府通判署咸阳县事苏桂	《周陵志》记载碑约1.33米高，宽0.7米，字迹漫漶，《咸阳碑刻》录文
祭文王、武王碑	清	顺治八年（1651）四月十七日	周陵	1.5	0.58		圆首，方额，碑首线刻二龙戏珠图案，方额篆书阴刻"御制"，碑身边栏刻云纹	碑文12行，正文9行，满行22字，除上下款共计151字		咸阳知县江山秀	《咸阳碑刻》录文
祭文王碑		康熙五年（1666）二月七日	周陵	1.16	0.5		圆首，方额，碑首线刻双龙图案，方额阴刻真书"御制祝文"，碑身边栏刻云纹				

续表

名称	年代		所在地	规格（米）			形制	内容摘要	撰书人	立碑人	备注
				高	宽	厚					
祭文王、武王碑	清	康熙七年（1668）	陵召				圆首，方额。碑首线刻双龙图案。方额阴刻真书“御制祝文”。碑身边栏刻云纹	碑文8行，满行19字，共计109字，除上下款，正文6行53字		咸阳知县陈愫	已残，1987年移至周陵
祭成王碑			新庄							周至知县马芝礼、户县知县刘文灿等	断为两块，1997年移周陵
祭文王碑		康熙十五年（1676）二月七日	新庄	1.18	0.52		圆首，方额，碑额正中书“御制祝文”。两侧浮雕龙纹和云纹	皇帝遣内阁侍读学士加四级王敷致祭。碑文16行，满行20字。真书		咸阳县知县孔之俊	《咸阳碑刻》录文
祭成王碑		康熙二十一年（1682）	咸阳市农业科学研究所内院	2.5	0.83	0.19	圆首，方额，有座已佚。额阴刻篆书“钦崇古后祝文碑记”。碑首线刻二龙戏珠图案。碑身四周线刻云纹、花草纹、几何纹边栏。	皇帝遣工部右侍郎苏拜致祭。汉满合文，阴刻真书。右半面汉字11行，满行44字，共计179字。左半面竖刻满文11行		李国亮，来宝，阿而亲，章泰	《咸阳碑刻》录文
祭文王、武王碑		康熙二十七年（1688）十二月七日		1.51	0.63		圆首篆书“御制祝文”，碑身刻云纹、花草纹、几何纹边栏	皇帝遣鸿胪卿刘楷致祭。满汉合文，右侧汉文4行，满行26字，左侧满文11行		周世贤、黄登阁、周尚贤等	《咸阳碑刻》录文

续表

名称	年 代	所在地	规格（米）			形制	内容摘要	撰书人	立碑人	备注
			高	宽	厚					
祭文王、武王碑	康熙三十五年（1696）					圆首，方额，碑首线刻双龙图案，方额阴刻真书"御制祝文"，碑身边栏刻云纹	皇帝遣鸿胪卿刘楷致祭，满汉合文，右侧汉文4行，满行26字，左侧满文11行		西安府通判等	
	康熙四十二年（1703）五月二十六日	周陵	1.83	0.69		圆首，方额，碑首线刻双龙图案，方额篆书阴刻"御制祝文"，碑身边栏刻蔓草纹	皇帝遣大理寺少卿莫音代致祭，西安府清军同知程奕陪祭		蒋天麟、张拱辰、孙昌铨等	《咸阳碑刻》录文
祭文王武王碑	康熙四十八年（1709）						皇帝遣兵部左侍郎加二级王国安致祭		张枚、陶蔚、陆兆桢	
祭文王碑	康熙五十年五月二十二日	周陵	2.27	0.75		圆首，方额，碑首线刻双龙图案，方额篆书阴刻"御制祝文"，碑身边栏刻蔓草纹	正文6行，满行36字		咸阳县知县加一级李有光	
	康熙五十二年（1713）五月二十日	周陵	2.27	0.76		圆首，方额，碑首线刻双龙图案，方额篆书阴刻"御制祝文"，碑身边栏刻蔓草纹	皇帝遣内阁学士兼礼部侍郎蔡升元致祭，碑文12行，满行36字		拉色、常萧、李有光	祭武王碑同《咸阳碑刻》录文
祭文王武王碑	雍正元年（1723）二月六日	周陵	1.67	0.68		圆首，额篆书减底阴刻"御制祝文"，碑首及碑身边栏线刻丹凤图案，碑身刻花卉图案	皇帝遣通政使司右通政钱以垲致祭，碑文14行，满行29字		龚志遂等	《咸阳碑刻》录文

※ 注：此表中"清"字位于左侧年代栏。

名称	年代	所在地	规格（米）			形制	内容摘要	撰书人	立碑人	备注
			高	宽	厚					
祭武王碑	雍正元年二月六日	陵召								已残，1997年移至周陵
祭康王碑	雍正元年二月六日	陵召								已残
祭成王碑	雍正元年二月六日									已残，原在陵召，1997年移至周陵
祭武王碑	清 乾隆元年（1736）正月	陵召	1.37	0.58		圆首，圭额，碑首线刻双龙图案，方额真书阴刻"皇清"，碑身边栏线刻蔓草、花卉纹	皇帝遣台仆寺少卿鲁国华致祭，刻文14行，满行38字		延禧、杨廷相、冯运栋	《咸阳碑刻》录文
祭文王碑	乾隆二年（1737）八月	陵召	1.94	0.7		圆首，圭额，碑首线刻二龙戏珠图案，圭额真书阴刻"皇清"，碑身边栏线刻云纹	皇帝遣日讲官起居注翰林院侍读学士加二级纪臣世臣致祭，刻文13行，满行34字，共计计228字		礼部文林郎加一级那通，西安府清军盐捕加一级高豫，咸阳知县加一级冯运栋	《咸阳碑刻》录文

续表

名称	年代	所在地	规格（米）			形制	内容摘要	撰书人	立碑人	备注
			高	宽	厚					
祭文王碑	乾隆十四年（1749）七月	陵召	1.9	0.75		圆首，圭额，碑首线刻二龙戏珠图案，额真书阴刻"皇清"，碑身边栏刻卷云纹	皇帝遣太常寺少卿纪录两次钟衡致祭，刻文15行，满行32字，共计208字		赉送香帛官礼部文林郎戊午科铎举加一级鄂□，陪祭官西安府清军盐捕同知加二级纪录两次董朝鼎等	《咸阳碑刻》录文
	乾隆十七年（1752）二月二十二日	陵召	1.53	0.56		圆首，圭额，碑首两侧线刻丹凤图案，碑身四周线刻水波纹	皇帝遣太常寺少卿涂逢震致祭，刻文17行，满行33字		柏福、赵铨、臧应桐、席绍莘	《咸阳碑刻》录文
祭文王武王碑	乾隆二十年（1755）九月十三日	陵召	1.71	0.63	清	圆首，方额，碑首线刻二龙戏珠图案，碑额篆书阴刻"御制"，碑身左右及底边栏线刻水波纹	皇帝遣太常寺卿熊学鹏致祭，刻文11行，满行27字		礼部笔帖式加三级纪录两次青阿，陪祀西安水利通判李彦，咸阳知县刘度昭	武王碑同，九月四日立。《咸阳碑刻》录文
祭文王碑	乾隆二十五年（1760）正月二十日	陵召	1.91	0.76		圆首，圭额，碑首线刻二龙戏珠图案，额真书阴刻"皇清"，碑身边栏刻卷云纹	皇帝遣都察院左副都御史赫庆致祭，刻文14行，满行32字		额尔登布、万以襄、林恭范等	《咸阳碑刻》录文

名称	年 代	所在地	规格（米）			形制	内容摘要	撰书人	立碑人	备注
			高	宽	厚					
祭文王碑	乾隆二十五年五月	陵召	1.91	0.76		圆首，圭额，碑首线刻二龙戏珠图案，额真书阴刻"皇清"，碑身边栏刻卷云纹	正文7行，满行32字			
	乾隆二十七年（1762）二月二十日	陵召	1.36	0.59		圆首，圭额，碑首线刻二龙戏珠图案，额真书阴刻"皇清"，碑身边栏刻卷云纹	皇帝遣宗人府府丞储麟趾致祭，刻文17行，满行32字		梁琪、黄邦宁、林恭范、陈其梁等	《咸阳碑刻》录文
祭武王碑	乾隆二十七年二月二十日	陵召								1997年移至周陵
祭武王碑	乾隆二十九年（1764）九月十四日	周陵	1.44	0.68		圆首，方额，碑首线刻云龙图案，额篆书阴刻"御制祝文"，碑身边栏刻龙纹图案	正文7行，满行26字，共计178字			
祭文王碑	乾隆三十七年（1722）二月	周陵	1.4	0.55		圆首，方额，碑额阴刻真书"御制祝文"，碑额两侧边栏线刻云龙图案，碑身四周线刻卷云纹	皇帝遣宗人府府丞李友棠致祭，刻文14行，满行32字，共计216字，正文7行		赍送香帛官礼部笔帖式德恒，陪祭官巡抚内院署西安理事分府加三级纪录三次德文，署咸阳县知县加三级纪录三次王朝爵等	《咸阳碑刻》录文

（清）

第二章 文物遗存与旅游现状

咸阳帝陵 第一册·周陵

名称	年代	所在地	规格（米）			形制	内容摘要	撰书人	立碑人	备注
			高	宽	厚					
御制平定两金川告功文碣	乾隆四十一年（1776）七月二十九日	周陵	1.7	0.62	0.14	长方形，四边线刻二龙戏珠及精美的飞龙腾云图案	皇帝遣内阁学士塘古泰致祭周文王陵，刻文18行，满行20字		武炽、英安、孙景遂等	《咸阳碑刻》录文
同上	乾隆四十一年七月二十九日	周陵	1.76	0.53		圆首，方额，碑首线刻双龙图案，方额阴刻真书"御制祝文"，碑身边栏线刻云纹及花卉图案	皇帝遣内阁学士塘古泰致祭周成王陵，刻文14行，满行29字，共计135字		赍送香帛官礼部笔帖式武炽，陪祭官巡署西安府理事同知英安，西安府周至县知县徐作梅	《咸阳碑刻》录文
祭文王碑	乾隆四十五年（1780）三月二十四日	周陵	1.95	0.69		圆首，额真书"御制祝文"，两侧线刻丹凤朝阳图案，碑身四周线刻云纹	皇帝遣内阁学士钱载致祭，刻文13行，正文6行，满行28字		芳桂、荣青、崔象豫、蔡廷柱等	七臧带双张潘沛然等	《咸阳碑刻》录文
	乾隆五十年（1785）三月二十六日	周陵	1.72	0.86		圆首，方额，碑首线刻龙凤图案，方额真书阴刻"御制祝文"，碑身边栏线刻蔓草水波纹	皇帝遣署理内阁学士胡高望致祭，刻文15行，满行28字		舒山、李双、廷杰、潘沛然等	带张	《咸阳碑刻》录文祭文武碑同

清

名称	年代	所在地	规格（米）			形制	内容摘要	撰书人	立碑人	备注
			高	宽	厚					
祭文王碑	嘉庆元年（1796）四月十四日	周陵	1.31	0.48		圆首，圭额，碑首线刻二龙戏珠图案，碑额和碑身两边均线刻蔓草、花卉及几何纹	皇帝遣西安副都统花尚阿致祭，正文8行，满行20字，共计113字。另加"兹以轨隆周甲，喜庆幻元"，改"鸿仪"为"崇仪"		陪祭官署咸阳县知县事汉阴通判庄□，署县丞棨天培，教谕冯上元，训导张瑞，典史刘仑	《咸阳碑刻》录文
	嘉庆元年六月二日	周陵	1.46	0.64		圆首，无额，方座，碑首自中至左阴刻真书"御制祝文"，其余素面	皇帝遣隆平侯张瑞致祭，正文7行，满行17字		咸阳县知县李仁，典史鲁琰	
祭文王、武王碑	清	周陵	1.22	0.5		圆首，方额，碑首线刻云纹、龙凤纹，额真书阴刻"御制祝文"，碑身边栏线刻云纹	皇帝遣户部右侍郎周兴岱致祭，刻文12行，正文6行，满行32字，共计228字		礼部笔帖式保昌候补直隶州知州萧光浩、咸阳县知县高珣等	《咸阳碑刻》录文
祭武王碑		同上	1.56	0.62		圆首，方额，额篆书阴刻"御制祝文"，两侧线刻二龙戏珠图案，碑身线刻云纹、水波纹	皇帝遣内阁学士兼礼部侍郎陈霞蔚告祭，刻文17行，满行35字		觉罗锡宁、虞友光、张占、马玲、叶承谟等	《咸阳碑刻》录文

第二章 文物遗存与旅游现状

名称	年代		所在地	规格（米）			形制	内容摘要	撰书人	立碑人	备注
				高	宽	厚					
祭文王碑	清		周陵	1.7	0.66		圆首,方额,额篆书阴刻"御制祝文",两侧线刻花卉,碑身周边线刻卷云纹	皇帝遣都察院左副都御史和桂致祭,刻文15行,满行35字		台阿廷桢、吴捷、王麟孙等 灵阿、邓鸣	《咸阳碑刻》录文
		嘉庆二十五年己丑月	周陵					皇帝遣西安副都统哈兴阿致祭			
祭文王、武王碑		同治十二年（1873）十月	周陵	1.85	0.78		圆首无文,碑身两侧线刻花卉图案	皇帝遣西安副都统图明额致祭,刻文1行,满行3字			《咸阳碑刻》录文

祭文王碑（明·正德
元年皇帝谨遣中书舍
人庞璁致祭）

明·嘉靖元年皇帝
遣隆平侯张玮致祭

明·万历元年皇帝
遣刑科给事中乌升
致祭

清·乾隆元年皇帝
遣太仆寺少卿鲁国
华致祭

清·乾隆三十七年
皇帝遣宗人府府丞
李友棠致祭

清·乾隆五十年皇
帝遣署理内阁学士
胡高望致祭

31

第二节 可移动文物

一、周陵门楣

周陵享殿大门两侧有一副醒目的对联，横批为当代书法家舒同书。上联为"耿光大烈启西周表海诘戎稼穑贻谋十五世"，下联为"俊德敉功崇懋缵据泾浮渭葱茏佳气万千春"，横批为"文治武功"。

断臂遗风匾额

此联是 1937 年依托周陵陵园建筑成立的咸阳周陵小学大门两侧的门联。撰联者侯佩仓，系咸阳市渭城区周陵镇王车村人，曾任陕西省教育厅督学主任，20 世纪 30 年代陕西省教育界创新人，曾与周陵中学创建人王藩城先生一同赴日本考察学习，时任西安师范学校校长。原书写者段绍岩，又名段民达，岐山县凤鸣镇凤凰村人，北京法政专门学堂毕业，时任岐山县县长。段绍岩在辛亥革命时加入同盟会，1912 年参与反清斗争时被推为秦省临时议会议员，曾任西北调查员。1913 年弃政从教，曾赴日本考察学习。1923 年任西北大学筹委会主任，1924 年邀请鲁迅来陕讲学，1927 年应冯玉祥之邀在军中任职，后在西北大学、陕西省政府任职。中华人民共和国成立后，曾在西北大学、陕西省历史博物馆任职。擅长旧体诗，书法造诣颇深。楹联横批原为"周文武陵"。1960 年著名书法家舒同游周陵时将横批改为"文治武功"。

　　1997 年，文物部门接管部分古建后，在修缮后的享殿大门两侧镌刻此联至今。

第三节　周陵文化遗产选录

一、历代祭祀文化

"国之大事，在祀在戎"，祭礼是中华民族礼文化的重要组成部分。吴廷锡在《周陵志·序》中云："夫文王演易，武王访畴，千古学术治礼化之原，肇自两圣。逮周公践阼摄政，制礼作乐。遂使西北雍部文化推行于东南。江汉之邦，海隅日出，罔不率俾。觐光扬烈，万祀昭垂，其孰知文明进化；绍美轩皇，俱自毕郢二陵开其初祖哉。"自汉魏以降，历朝历代将周文王、武王同三皇五帝并列，将他们奉为对中华文明发展做出卓越功德的明君圣主。同时，周文化作为华夏文化的源头，对后世几千年的中国乃至世界文化影响深远。素有礼仪之邦的华夏民族，真正意义上是从周开始，周礼制度的出现标志着一个完善的政治、文化体系的建立。因此，周陵与黄帝陵一样受到后世尊崇和重视，是历代朝廷公祭的帝王陵墓。

长久以来，祭祀方式经历了由分散到集中，由庙祭到陵祭的演变过程。

周礼文化墙

庙祭　元鼎四年（前113），汉武帝在洛阳寻找周人后裔，找到一名叫姬嘉的周室后人，赐给他土地三十里、民三千户，封他为周子南君，让其和后人世代在此地祭祀周人祖先（地在今河南省汝州市）。《史记·周本纪》载："汉兴九十有余载，天子将封泰山，东巡狩至河南，求周苗裔，封其后嘉三十里地，号曰周子南君，比列侯，以奉其先祭祀。"《史记·孝武本纪》载："于是天子遂东，始立后土祠汾阴脽上，如宽舒等议。上亲望拜，如上帝礼。礼毕，天子遂至荥阳而还。过洛阳，下诏曰：'三代邈绝，远矣难存。其以三十里地封周后为周子南君，以奉先王祀焉。'"汉元帝初元五年（前44），姬嘉之孙姬延年进爵为承休侯。《汉书·地理志》《汉书·郊祀志》记载："湖，有周天子祠二所""虢，有黄帝子，周文武祠"。以上所记的两处文王、武王祠，一处在关中以西的虢（今陕西宝鸡市虢镇），一处在关中以东的虢（今河南三门峡市附近）。

东汉后期，汉家陵阙衰落，周文王陵、周武王陵却在民间被尊奉。如《魏书·地形志》所记"石安县有周文王祠"。北魏时，长安的州牧和郡守常常祭祀文王、武王庙。北朝北魏延兴四年（474）四月，魏孝文帝派东阳王拓跋丕在长安祭文王和武王庙，这是秦汉以后对周文王、武王最高规格的祭祀。唐代贞观、显庆、天宝等年间，均祭周文王于沣，祭周武王于镐。唐宪宗元和七年（812），"勑周文王、武王祠宇，在咸阳者，宜令有司精加修饰。"（《文献通考》）

从以上记载可以看出，东汉以后官方对周文王、周武王的祭祀，有的在渭北咸阳，有的在渭南长安；唐代中后期，有由渭南向渭北转移的趋势。

陵祭　咸阳原上的周文王、武王陵，从有祭祀到现在，约1800年历史。它的发展历程，可分为两大阶段：第一阶段，由东汉末到五代末，即公元220年—公元960年。这700多年里，是"俗名"阶段。在此阶段内发生的祭祀活动，是民间的祭祀活动。但在一定条件下，也不排除官祭的可能。第二阶段，由北宋初开始，是官方在咸阳祭祀周陵的阶段。宋开宝六年（973）《大宋新修周武王庙碑》（此碑现存于咸阳博物院）记载："我皇所以览虎观之史籍，披职方之图志，丰邑故地，得其旧陵。因命守臣，躬往省视：乃曰陵寝如故，而荒榛之路弗禁於樵探；庙宇甚陋，而牲牢之奠无闻于俎馔……"咸阳博物院还存有同年《大宋新修周康王庙碑》一通。宋朝决定对周文王、武王陵"各置守陵五户，岁春秋祠以太牢"。（《宋史·礼八》）金代，在京兆府（未著详址）对周文王、武王陵三年一祭。《元史》无周陵祭祀记录，官祭只有河南汤阴故羑里城（周文王被商纣王囚禁之处）的周文王祠和陕西岐山的周公庙。明洪武三年（1370），朱元璋派人勘察咸阳的周文王、武王、成王、康王及汉高祖、景帝、武帝等陵，发现诸陵的陵寝被盗发者将其掩埋好，陵丘被破坏者将其填补好，陵庙被拆损者将其修葺好。每陵设陵户五人守视，每三年朝廷出祝文、香帛，传制遣太常寺乐舞生及有司前往陵前致祭。陵庙所在地的官司，"以春秋仲月上旬（即夏历二月和八月的前十天），择日致祭"。

清时由皇帝遣官致祭，未有定数，或一年一祭，或一年数祭。总之，凡有重大事情或盛大庆典时，都要遣官致祭周文王、武王陵。

这时是周陵祭祀最为频繁的时代。

中华民国时由省府发祭祀文令，如中华民国三十年（1941）西京筹备委员会西字第94号给咸阳县政府的公函称："案查本年四月五日为民族扫墓节，同日致祭周陵。祭陵时间拟定是日上午十时，相应函诸贵府筹备祭陵典礼；并率领各机关公务员、各联保主任及各校师生，届时一同参加。仍请贵府先期布告民众，俾知祭陵意义，以广宣扬……"。咸阳县政府三月三十日民礼字第754号令称："查四月五日为民族扫墓节，届时中央暨省府大员与各级机关长官，均由西安出发，前往周茂各陵，举行扫墓典礼。本省为历代帝都，列祖列宗陵墓之所在地，我咸民众，久亲遗泽。值此扫墓佳节，行将临嘱，瞻陵寝之巍巍，缅哲圣之谟烈，益启民族之思想，用坚抗建之自信。顷奉省政府电令，以本年民族扫墓典礼，尤应隆重举行，以示崇敬。兹规定各乡镇国民兵参加恭祭周陵，注意事项一份，随令颁发。除分令外，合行令仰该乡镇长，于令到之后，即将该管保甲长、壮丁，一律集合该乡适中地点，每日乘早或晚集训二小时。所有服装武器，应急为整备。沿途路面树株，与保甲公约、国民公约及守望哨所，均须遵照规定办理完善。保甲长及壮丁，尤应发挥此次训练之精神，行动迅速，操练纯熟，藉昭纪念之隆重，启民族之意识。案关特饬，切勿疏忽为要，切切此令。"同时成立专门临时机构，抽调人员分别筹备各项工作，一般是省府拟定祭奠议节、祭文、训令、标语、日期、地点、参加人员，县府召开筹备会，按省府要求逐项落实。一般主要工作有：筹办祭祀物品，布置接待室、贵宾休息室，布置主会场，整修道路及道边树木，训练国民兵及各校童子军等，各保甲长按要求组织对全乡各保适龄壮丁进行礼仪训练。

　　祭奠除县内各机关法团留守的少部分人外，剩下的人员都应于早晨六七点前到达周陵参加祭奠。各机关法团首长携带衔名片一张，参加祭礼的人员一律着短装。参加祭奠的学校师生有周陵中学、北高、南高、马庄、渭城、双照、聚泉、城关镇中心学校、城关周四王庙学校、东北小学等学校老师和高年级学生。童子军着黑色制服，其他人亦为黑色或蓝色制服。鼓乐八人，号兵若干，及周中乐队，以备欢迎主祭长官及举行祭奠仪式时奏乐。

　　清代至中华民国，在明代祭祀制度的基础上，扩大了祭祀范围：由周文王、武王、成王、康王等帝王陵墓扩大至周公、太公、毕公等王公陵墓。其次，因咸阳境内陵墓太多，祭祀任务由附近各县分担。其中，周文王、武王陵和周公、太公墓由咸阳分祭，成王陵由周至县分祭，康王陵由户县分祭。有时省府发令称中央派要员参祭，地方政府就要对各项工作更加精心筹备了。有时也很简单，如中华民国二十三年（1934）十月二十一日，蒋介石、宋美龄、张学良、杨虎城等在省府主席邵力子的陪同下谒拜周陵，这样高规格的活动，各级政府却不做任何安排，祭奠议程也非常简单，只在陵前行鞠躬礼。仅由周公81代孙姬立法陪同，并以一把文王蒿赠蒋介石夫妇。中华民国三十六年（1947），陕西省府主席祝绍周的祝文中写道："伏维比年以来，危局岌岌，豪杰茫茫。迭被灾荒，兼遭兵燹。所冀广垂，兹荫永锡。灵庥俾旧，时千里邦畿，皆成福地，并灾区百姓、民众上春台。仰企前王，照临上土。香始升而祝祷，神如在而凭依。"在于唤醒国人，自立自强，振奋民族精神，全民团结，坚定抗战决心。

中华人民共和国成立后，各级政府和文物部门多次对周陵进行修缮。1997年，文物部门在大殿重塑了文王、武王、周公像，供民众祭奠。

1998年9月，全国百名市长冒雨考察周陵。

1999年清明节，40多名台湾同胞拜谒周陵，冒雨跪拜。

2005年清明节，咸阳市各界人士4000余人集聚周陵，举行了"乙酉年清明公祭周陵大典"，为中华人民共和国成立后首次公祭周陵，从此恢复了中止近半个世纪的"咸阳祭周"大典。

2008年4月4日，陕西省和咸阳市文化艺术界上千人，怀着赤诚之情，带着尊崇之意，参加了戊子年清明祭拜周陵活动。书画界名人李宏涛恭读祭文。

2009年4月4日，咸阳市各界近万人参加周陵景区管委会和周陵镇人民政府主办的己丑年清明公祭周陵大典。主祭人为咸阳民俗专家梁澄清先生，主持人为周陵镇人民政府镇长高玉，由周陵旅游景区管委会主任张俊辉致欢迎辞，管委会副主任、周陵旅游公司总经理关辉致答谢辞。

附祭文选录

2008年祭文：

值逢戊子嘉年，清明节令，春和景明，祭祖思宗之际，咸阳文化艺术界，谨具清酒鲜花之奠，致祭于周文王、周武王、周公旦之陵前，以慰先圣，激励后人。祭曰：

赤县神州，灿烂辉煌。

古国文明，源远流长。

盘古开天，乾坤朗朗。

三皇五帝，视民如伤。

经始大业，万古流芳。

尧天舜日，鼓腹击壤。

天下为公，深孚众望。

史传夏启，世袭为王。

商汤求贤，拨乱兴邦。

纣王无道，淫乱朝纲。

多行不义，残害忠良。

囚逼姬昌，饮儿肉汤。

拘而演易，隐晦韬光。

飞熊入梦，苦觅栋梁。

蟠溪得士，喜拜姜尚。

满腹经纶，辅佐文王。

武王继位，遵嘱志强。

吊民伐罪，仁义弘扬。

反抗暴君，斗志昂扬。

灭纣立周，鸣琴凤翔。

周公吐哺，匡正良相。

礼乐刑政，宽猛有常。

周分西东，八百年长。

耿光大烈，华夏开光。

俊德救功，崇懋所向。

至今盛世，仍放光芒。

古城镐京，旖旎风光。

帝都毕郢，异彩飞扬。

渭水平湖，锦鳞涌翔。

世纪大道，经贸远航。

科教兴国，奋发图强。

人心和谐，勇奔小康。

与时俱进，魅力咸阳。

国祚明德，子孙崇尚。

继往开来，再创辉煌。

今祭祀奉，叩首尚飨。

2009年祭文：

岁在己丑，时值清明。乾坤朗朗，云淡风轻。古都咸阳各界民众感时怀思共祭宗周先贤于渭水之阳。辞曰：

天地悠悠，万古为宗。

三皇五帝，亦神亦圣。

自有后稷，周人始耕。

公刘居豳，诗经背诵。

周文周武，奉天行道。

讨虐伐纣，诸侯聚盟。

制乐修礼，鼎食钟鸣。

纳贤下士，庶黎追从。

文化天下，世代尊崇。

德润人心，千古称颂。

世纪更新而国运昌隆。

社会进步而古都振兴。

今我咸阳，欣逢盛世。

第一帝都，声远名重。

改革开放，深入发展。

社会和谐，经济繁荣。

以农为本，基础稳定。

外联内引，百业飞腾。

宜居佳地，前途光明。

虽遇全球金融海啸而信心满满，

喜迎祖国六十大庆更众志成城！

古柏依然翁樾苍翠映毕塬，

蒿草照旧生机茂盛伴古陵。

此虔此敬，大礼告成。

伏惟尚飨！

　　周陵祭祀典礼议程现在主要包括九部分内容，一、与祭人员就位；二、全体肃立；三、主祭人就位；四、介绍与祭主要来宾及代表队；五、主办单位代表致辞；六、公祭大典开始，主要有击鼓、鸣钟、奏乐（击鼓九通，代表九州华人）、上香、献爵（奏乐，由主办单位和陪祭代表三人上香，姬姓后裔献爵）、敬献花篮、恭读祝文、行三鞠躬礼、礼成（奏乐）等内容；七、恭绕文王陵、武王陵一周（陵前合影，鸣炮）；八、植树；九、民间文化活动（书画、礼花、戏曲等）。2012年，《周陵祭祀典礼议程》被列入《咸阳市第三批非物质文化遗产名录》。

第四节 旅游开发现状与规划

一、旅游开发现状

改革开放 30 年来，随着政府对文物保护工作的大力投入和文物旅游业的快速发展，周陵的文物保护工作和景区建设呈现出崭新的面貌，来周陵谒游的人数不断增长。近年来，随着国人生活水平的提高和精神文明建设的普及，人们对优秀传统文化有了更深刻的认识，渴望加深对本民族文明起源和发展的了解，同时在传统节日祭奠圣贤，也可表尊崇。鉴于此，周陵旅游景区多渠道筹备资金加快景区基础设施建设，为大众提供肃穆优美的祭祀环境。

1995 年，渭城区政府协调将原周陵中学占用的大殿、献殿、东西配殿及庙区院落全部移交给文物部门，并投资 50 余万元对这些古建筑进行维修，同时新修碑石陈列长廊。2000 年，渭城区政府投资 100 余万元修建周陵围墙近 3000 米，将周陵中学所属祭祀区土地 62 亩、周陵农场所属陵区土地 320 亩和 200 亩柏树林划拨文物部门，为周陵的文物保护和旅游发展奠定了坚实的基础。

二、文物保护规划

《周陵文物保护规划》由陕西省考古研究院和陕西省古建筑设计研究所编制，整个规划从前期的文物钻探调查到规划文本的编制和论证历时 1 年半时间。2009 年 1 月 6 日，咸阳市文物旅游局组织省内外文物、古建筑等方面的专家对《周陵文物保护规划》进行了详细论证，最后得到一致通过。《周陵文物保护规划》分文本、图片、说明书、基础资料、汇编等内容，共分为十三章，有五十一条。

《周陵文物保护规划》对周陵文物保护规划的规划性质、规划背景、规划范围、规划依据、规划范围、规划期限做出了明确论定，通过文物类型、价值评估、文物现状评估、保护工作现状评估、现存主要问题对周陵的整体文物和附加文化及生态环境、可延续性做出了详尽的评估并对目前的保护现状提出了建议。

规划范围确定为 3.31 平方千米，较以前范围有所增大。规划期限近期为 2009—2015 年，远期为 2016—2025 年。

三、旅游项目策划

（一）项目概述

周文化是中华文化的基石。周文化中所包含的各种典章制度、礼乐制度和思想道德规范，成为中国封建统治的思想、政治基础和儒学思想的源头，影响了近 3000 年的中华文明史。

古代儒家主要经典之一的《周礼》产生于周朝，是西周时期的著名政治家、思想家、文学家、军事家周公旦所著。《周礼》与《仪礼》《礼记》合称"三礼"。"三礼"是古代礼乐文化的理论形态，对礼法、礼义作了最权威的记载和解释，对历代礼制的影响最为深远。《周礼》涉及的内容极为丰富，大至天下九州、天文历象，小至沟洫道路、草木虫鱼，凡邦国建制、政法文教、礼乐兵刑、赋税度支、膳食衣饰、寝庙车马、农商医卜、工艺制作，各种名物、典章、制度无所不包，堪称为古代文化史之宝库。东汉末，经学大师郑玄为《周礼》作了出色的注。由于郑玄的学术声望，《周礼》一跃而居"三礼"之首，成为儒家的皇皇大典之一。

《易经》也是儒家经典之一，分《经》《传》两部分，体现了周人"天人合一"的精神信仰。《经》据传为周文王所作，由卦、爻两种符号重叠演成64卦、384爻，依据卦象推测吉凶。

周公制礼作乐，周人隆礼重仪，确立了一整套伦理观念，那就是"德"为先的价值原则。周人所提倡的"德"，要求人们办事得当适宜、心思端正，内容包括敬德、慎罚、敬天、孝祖、保民等。在处理政事时要根据"德"的要求处处明察，实行宽厚政策。周人之所以取代殷人受命建立了周朝，周公认为根本原因是周文王"明德慎罚"，是修德的结果；武王极力效法文王实行大德，受到人民欢心，取代了商，这是天意，所以德的意义非常广泛。

"礼之用，和为贵。先王之道，斯为美"。周文化确立的一个重要社会行动理念，就是以"和"为社会行动准则。周人的先王"聘后于异姓，求财于有方，择臣取谏工而讲以多物，务和同也。"这就是说，周人在婚姻上奉行同姓不婚的制度，必须聘娶异姓的女子为妻；周人在经济上反对闭关自守，实行与诸民族互通有无的贸易政策；周人在政治上反对一人独断专行，实行广纳贤才、广开言路的方针。

因此，周文化就是一种以"天"为精神信仰，以"德"为价值原则，以"和"为社会行动准则的完整而协调的文化体系，对今天的社会仍具有现实意义。

咸阳地处陕西关中平原腹地，有着2000多年的建城史，是国家级历史文化名城，全市文物景点 5000 多处，国家级文物遗址点 12 处，省级文物遗址点 73 处。在咸阳诸多文物遗址中，古代帝王陵寝是其中最为亮丽的一抹彩虹。中国历史上第一座夫妇皇帝唐高宗李治和女皇武则天的合葬墓——乾陵举世闻名，唐太宗昭陵、汉武帝茂陵、汉景帝阳陵等 27 座帝王陵墓和 256 座陪葬墓形成绵延百里、蔚为壮观的帝王陵墓群。

对于咸阳而言，古代帝王陵寝是一种特色文化，展示了城市悠久的历史，折射着厚重的人文气息。陵寝文化和其后蕴藏的城市魅力是咸阳最好的城市名片之一。

周陵是咸阳诸多帝王陵墓中的一座，从一个侧面可以反映出周文化的内涵，对周陵的保护和旅游资源的开发就极具意义。

对周陵的保护与旅游资源的开发原则为生态性原则，主要体现在规范系统的文物保护、景观生态规划、经济发展的可持续性三方面。

规范系统的文物保护原则：对文物的保护是历史文化可持续发展的要求，对周陵的保护和旅游开发的基本点落在对文物的保护。在保护过程中应严格遵守《中华人民共和国文物保护法》《周陵文物保护规划》及相关法律法规，合理对其进行开发、利用与展示。

景观生态规划原则：合理利用现有场地条件，尊重当地自然环境和植物自身的生态习性，坚持物种多样性原则，构建丰富的复层植物群落结构。

经济发展的可持续性原则：合理利用资源，制定科学的管理制度与发展规划。经济可持续发展的模式，本质上是现代生态经济发展模式，在经济圈、社会圈、生物圈的不同层次中力求达到经济、社会、生态三个子系统相互协调和可持续发展，使生产、消费、流通都符合可持续经济发展要求。

（二）项目开发的方向和规模

1. 项目投资规模与建设周期

项目投资 1.5~3 亿元人民币，占地约 1000 亩，第一阶段将在 4—5 年内完成。

2. 形象定位及内容

将打造一个以"周文化"为主题的旅游景区，以 "周文化"、周陵为基础引申的文化传承、延伸，建立"陕西咸阳周文化旅游景区"社会形象、企业地位及地区 品牌。

展示"周文化"主题的核心内容：

"祭祀文化"：祭祀广场、华人姓氏祠堂、祈福苑、碑林等园林式景观，每年清明、重阳等传统节日举办大型祭祀活动的推广组织策划。

"周礼文化"：复古式的周礼传统礼仪表演，建立青少年爱国主义、传统文化教育基地、课堂结合现实进行传统中国礼仪、文化、德育教育。

"周易文化"：在原周易预测研究院的基础上建立一定规模的学术论坛、研讨会，每年邀请国内外著名专家学者共同参与和周易有关的预测、风水、哲学、现代管理思想结合的学术研讨会及有关书稿出版发行，兴建与周易预测有关的与游客互动的项目，感受周易文化的魅力。

"礼乐文化" "农耕文化"：通过传统古乐、戏曲和游客参与的服饰、民俗、传统农耕种养殖、饮食制作、茶艺等表演、园林绿化、农业观光、园区果蔬采摘、加工制作的多种表现形式，从不同角度表现周文化魅力，感受华夏文化深厚的底蕴。

园区各个功能区动静分离，通过巧妙构思设计，将声、光、影、网络、文物、殿堂、牌坊、文化墙，以及陵寝中遗存的碑文、景观小品、大型雕塑、园林绿化景观等文化元素组成文化长廊，将周代历史与传说故事，周代在中国历史上的地位，周文化与传统文化关系，周文王、周武王、周公旦、姜子牙等人物的功绩、典故，通过多种形式呈现给游客，使游客身临其境，零距离触摸历史，感受周文化对华夏文明的影响力，从而达到弘扬中国传统文化、彰显华夏文明悠久历史的目的，让游客在游玩中得到启迪，真正做到寓教于乐。

3. 功能定位

项目突出对周陵科学合理的保护。通过景观规划和公园维护，充分发挥其参观和游览、教学与科研、休闲和度假的功能。通过移植古树、搜集特色奇石和巨石进行的展示，在现有植物保护和植物景观规划设计中始终贯穿生态性原则，发挥植物在城市园林生态中的作用。

围绕"周文化"进行商业旅游服务及商业旅游产品开发，其中包括拟建一座占地50亩，总建筑面积为2万平方米，含300间客房，配套中西餐饮、茶艺、酒吧，以及康乐休闲为一体的三星级酒店，可容纳3000人以上的餐饮及娱乐的配套设施。力求营造出具有浓厚"周文化"气息的周陵旅游商圈。

4.经营管理定位

制定科学、合理、可行的宏观发展方案，组织一支由各方面专家组成的专业队伍，定期更新发展规划，不断提高管理水平，创新管理体制，搞活运营机制。

增强旅游服务意识，提供系统服务内容：导游服务、咨询服务、宣传资料服务、电话服务、邮政服务、电脑触摸屏服务、特殊人群服务、健康医疗服务、安全保卫服务等。

（三）拟定项目

祭祀广场：铸九鼎，鼎高 5 米，象征九五之尊，背景依托文王陵、武王陵，为每年"咸阳祭周"场所。

中华姓氏祠堂：传统祠堂风格，单姓营造。堂内供奉该姓氏文化图案，展示该姓氏的起源、发展、分支、分布等，以及该姓氏名人的故事，以供游客参观。同时，为大众提供一个宗族祭拜场所。

周礼文化区：分多个场所，以传统和现代相结合展现形式展示中华礼仪文化。鼓励游客参与真人表演，借此弘扬中华文明礼仪，倡导知礼、互爱、和谐、文明、尊崇、爱国的传统美德。

周易研究院：拟和世界各地周易研究机构及院校联合，依托周陵创设全球周易学会，挖掘周易文化。

太公钓鱼园：将陵区 50 亩砖场改造为垂钓园，并与 200 亩柏树林结合，为游客提供垂钓、休闲、养生的场所。

封神台：依托姜子牙墓建造封神台，用声、光、电等现代科技手段，让游客身临其境。

周陵博物院：主要分农耕文化、祭祀文化、古陶文化、民俗文化、金石文化（碑林）等陈列区。

陶吧：游客参与其中，体验陶艺文化的乐趣。

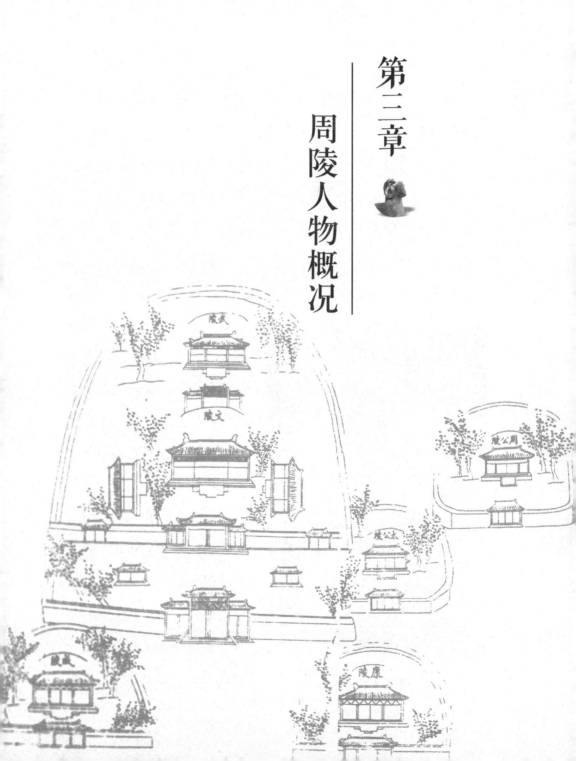

第三章

周陵人物概况

第一节 人物生平

一、周文王姬昌

周文王（前1152—前1056），姬姓，名昌，季历之子。其父死后，继承西伯侯之位，故称西伯昌。

相传周文王在位50年，为翦商大业作好充分准备，但未及出师便死去。他是个很有作为的人，勤于政事，重视农业生产，礼贤下士，广罗人才，拜吕尚为军师，问以军国大计，使"天下三分，其二归周"。

《史记·周本纪》记载，周文王遵后稷、公刘之业，则先祖古公、父亲季历之法，倡导笃仁、敬老、慈少、礼贤下士的社会风气，使其封地的经济得以发展。周文王在治岐期间，对内奉行德治，提倡"怀保小民"，大力发展农业生产，采用"九一而助"的政策，即划分田地，让农民助耕公田，纳九分之一的税。商人往来不收关税，刑法上不实行连坐制等。对外招贤纳士，对有才能之人以

周文王塑像

礼相待，委以重任。如太颠、闳夭、散宜生、鬻熊、辛甲等人，都是辅佐周文王的名臣。周文王生活勤俭，还到田间劳动，西岐在他的治理下，国力日渐强大。

当时纣王发明了炮烙之刑，也就是命犯人在涂满润滑油的铜柱上行走，滑倒的人会掉到火坑里，顿时被烧得皮焦肉烂。纣王的宠妃妲己看到这番景象后很开心，纣王为博妲己一笑，就经常对犯人施以炮烙之刑。对于纣王的行为，周文王很气愤，他向纣王表示愿意献上周国洛河西岸的一块土地，以此地作为条件让纣王废除炮烙之刑。纣王答应了周文王的要求，周文王因此举得到了人民的爱戴。

西周的官制颇为繁杂。辅佐周王的为太师、太傅、太保，合称三公。三公之下有三事官（政务官、事务官和地方官）、四方（诸侯和方国、部族）和卿事寮。王朝官员为：总揽朝政的太宰，掌祭祠礼仪的太宗，掌历法记事的太史，掌祈祷的太祝，掌神事的人工，掌占卜的人卜，合称六卿。六卿的僚属，总称为卿事寮。王朝还有掌土地和农人的司徒，掌百工职事的司空，掌军赋军政的司马，掌版籍爵禄的司士，掌刑罚的司寇，合称五官。为王室服务的内廷事务官有三公之佐的三少（少师、少傅、少保），有道、辅、弼、承四辅，有膳夫、缀衣、小臣、寺人、内竖、阍者、门尹、司王宥、火师、水师、大酋、太仆、御、右、萃车、趣马、师氏、虎贲、舆人、医、艺人、隶人、太子宫尹等。在王畿外服的封国称为四方，包括侯、甸、男等诸侯。王朝有时派使臣到诸侯国任监国。

诸侯在自己的封国内仿照王室设置百官有司，成为相对独立的政权，主要有三事官，即司徒、司马、司空，分掌政务、司法和民事。周的各级主要官吏，都是在宗法制度基础上世袭，而且文武不分，平时治民，战时就是各级将领。周朝的地方制度，有国、都、邑、野、鄙。周王和诸侯的都城为国，诸侯国中的大城为都、小城为邑，此外的地方称为野或鄙。

周的国力增强壮大，引起商王朝的不安。商纣王的亲信崇侯虎，暗中向纣王进言说，周文王到处行善，树立自己的威信，诸侯都崇敬他，这样对纣王的威胁太大。于是纣王将周文王拘于姜里（今河南汤阴）。

西伯昌在被囚禁中，致力"演易之六十四卦，各为象。"周臣闳夭等人为营救文王出狱，搜求美女、宝马、珠玉献给纣王。纣王见了大喜："仅此一物（指美女）就足够了，何况宝物如此之多！"于是下令赦免周文王，并赏给他弓、矢、斧、钺，授权他可以讨伐不听命的诸侯。这就是史书中说的"姜里之厄"。

周文王回到周后下决心灭商。一次出猎时，在渭水河边巧遇年已垂老、怀才不遇的姜尚，周文王同他交谈后，了解到他确有才能，便让他同车而归，立以为师，共同筹划灭商大计。据《尚书·大传》记载，周文王在位的最后7年中干了6件大事。第一年调解虞、芮两国纠纷。虞（山西平陆县）芮（山西芮城）都是商王朝西方属国，可是他们有了矛盾不找商王裁决，都慕周文王的威名，求其审断。据《诗经·大雅·绵》篇注说，虞、芮两国看到周国是"耕者让其畔，行者让路""男女异路，斑白不提携""士让为大夫，大夫让为卿"，两相对比，内心羞愧，都主动将所争之地做了闲田处理，纠纷自此解决。第二年出兵伐犬戎，战败西戎诸夷，灭了几个小国。第三年攻打密须（今甘肃灵台县），解除了北边和西边的后顾之忧。第四年戡黎（今山西黎城县），第五年伐邘（今河南沁阳县），戡黎、伐邘实际对商都朝歌直接构成了威胁。第六年灭崇国（今西安市鄠邑区境），将周的都城由岐山周原东迁渭水平原，建立丰京（今西安市长安区沣河西岸）。《诗经·大雅·文王有声》："既伐于崇，作邑于丰。"接着又向南扩展势力到长江、汉江、汝水流域，形成了"三分天下有其二"的形势。引自《论语·泰伯》的这句话，说明岐周实际已控制了大半天下，而殷商已处于极端孤立的境地。

就在大功垂成之际，周文王不幸死去。《尚书·无逸》《吕氏春秋·制乐》都说他享国50年，称王前立国43年。死后葬于毕（西安与咸阳之间渭水南北岸，境域较广）。周文王是一位名君圣人，被后世所称颂敬仰，《诗经·大雅》中就是关于他的颂诗。

古人普遍有崇古心理，效法上古圣贤之君，效法"三代"之法，是古人津津乐道的话题。周文王就是人们心目中完美形象的代表性人物，历代以复周礼为己任的人更数不胜数。其实，由于年代久远、文献残缺，人们对周文王的了解未必很深，周礼也未必很完美，但是作为人们对清明之君、清明之制的一种向往，它的意义还是积极的。所以说，抽象意义的周文王影响了中国历史2000多年，是一点儿不过分的。

儒家为了把道德与政治联系起来，把周文王当成一个"内圣外王"的典型加以推崇，周文王的影响越来越大。

孔子就特别推崇周文王，他做梦都想恢复"郁郁乎文哉"的周礼。但周文王的言论，今天已经所见无几。据说周文王善演周易，今天的《周易》就有周文王的整理之功，也许从《周易》中我们可以看出周文王的一些政治理念。

中华科学、思想文化的源泉是《易》，《易经》最早提出"天文"的定义。《周易》虽然成书于战国时期，但它表达的却是周代形成的天命思想。《易》说："观乎天文，以察时变。"《易·系辞》说："天垂象，见吉凶，圣人象之。"西周萌生的阴阳思想，对中国天文学的发展有着重要影响。

《周易》有很长的形成和发展过程。被后人称为河图、洛书的东西，是烧灼卜骨的表现，是远古先民在长期生活和占卜的实践中感悟出的理性思维和形象思维互相串联、互相渗透的反映。相传伏羲氏将其归纳总结，对蓍草反复排列而画为八卦，将天地间万物的现象都包括于其中，这是原始的易。

后来，据说经过周文王的悉心钻研，将其规范化、条理化，演绎成六十四卦和三百八十四爻，有了卦辞、爻辞，人称《周易》。它以简单的图像和数字，以阴和阳的对立变化，来阐述纷纭繁复的社会现象，显示成千上万直至无穷的数字，具有以少示多、以简示繁等特点。所以称为"易"，郑玄解释有三义："一是简，二是变易，三是不易。"就是讲万物之理有变有不变，现象在不断变化，而一些最基本的原则不会变，这就从客观世界的辩证发展中抽象出了理论上十分丰富的朴素的辩证法。

据说到春秋后期，孔子对《周易》进行解释和论说，完成十翼，即《易传》。这样《周易》就发展成为一部内容博大精深的阐述宇宙变化的哲学著作。

家族成员

父亲：周王季，也称季历。

母亲：太任，周国附近挚任氏部落首领的次女，生性端正严谨、庄重诚敬，凡是合乎仁义道德的事才会去做。

妻子：太姒，生伯邑考、姬发、周公旦等（民间供奉最早的送子娘娘）。

儿子：长子伯邑考（姬考），早卒；次子周武王（姬发）；三子管叔鲜（姬鲜）；四子周公旦（姬旦），即周文公；五子蔡叔度（姬度）；六子霍叔处（姬处）；七子郕叔武（姬武）；八子卫康叔（姬封）；九子毛叔郑（姬郑），据《毛公鼎》铭文记载，毛叔郑实际上为周文王之孙、冉季载之子；十子冉季载（姬载），定陶三冉（冉耕、冉雍、冉求）的得姓始祖；十一子郜叔；十二子雍叔，一作雍伯；十三子曹叔振铎（姬振铎）；十四子滕叔绣（姬绣）；十五子毕公高（姬高）；十六子原叔，或称原丰，原氏始祖，其后有原氏、荀氏、智氏等；十七子丰叔；十八子郇叔；十九子姬颖，赖国首封君主，赖姓始祖，又称叔颖、颖叔。周武王令叔颖率兵与诸侯讨伐无道之纣王，功成退居河南省赖地。公元前841年，周武王封弟叔颖于赖国，后世子孙为纪念先世创业，乃以国名赖为姓，国土颖川为号，尊叔颖为祖。

二、周武王姬发

周武王姬发（约前1087—前1043），姬姓，名发（西周时青铜器铭文常称其为斌），周文王姬昌与太姒嫡次子，其正妻为邑姜。姬发为西周开国君主，在位13年。

周武王因长兄伯邑考被商纣王所杀，故得以继位。周武王继位后，对内重用贤良，继续以姜太公（即姜尚）为军师，并用弟弟周公旦为太宰，召公、毕公、康叔、丹季等良臣均各当其位。对外争取联合更多诸侯国，壮大力量。此时，纣王愈加荒淫残暴、穷奢极欲，搞得众叛亲离、怨声四起。

商朝在暴君纣王统治下，政治已十分腐败，但军事上仍有较强实力。周武王审时度势，积极为灭商准备条件。

周武王即位后的第二年，率大军先西行至毕原（今西安市长安区）文王陵祭奠，然后转而东行向朝歌前进。在军中竖起写有父亲西伯昌名字的大木牌，自己只称太子发，意为仍由文王任统帅。大军抵达黄河南岸的孟津（今河南孟津县东北），有八百诸侯闻讯赶来参加，力劝武王立即向朝歌进军。武王和姜尚认为时机还不成熟，在军队渡过黄河后又下令全军返回，并以"诸位不知天命"告诫大家不要操之过急。因时机还未完全成熟，还是班师回朝了。这次灭商预演，史称"孟津之会"或"孟津观兵"。

又二年，周武王探知纣王更加昏庸暴虐，良臣比干、箕子忠言进谏，结果一个被杀，一个被囚；太师疵、少师强见纣王已不可救药，抱着商朝宗庙祭器出逃；百姓

周武王塑像

皆侧目而视，缄口不言。周武王同姜尚研究后认为，灭商条件已完全成熟，遵照文王"时至而勿疑"的遗嘱，果断决定发兵伐商，通告各诸侯国向朝歌进军。出发前，太史卜了一卦，得兆象大凶，见此不吉之兆，百官大惊失色。武王决心已定，不迷信鬼神，毅然率兵车 300 乘、近卫武士 3000 人、甲士 4.5 万人向朝歌进发。大军到达朝歌郊外 35 千米处的牧野（今河南卫辉市南），各诸侯率兵车 4000 乘会合。纣王闻知周兵已到，调集都中士兵，再把囚犯、奴隶、战俘武装起来，共起兵 17 万（一说 70 万）相迎。双方开始了历史上著名的牧野之战，武王在战前向全军发表誓词，历数商纣的罪恶，动员将士们英勇杀敌。商朝的军队在周军的凌厉攻势下一触即溃，那些被迫参战的奴隶、囚徒不愿为纣王卖命，反把武王看作救星，倒转矛头引导周军杀入朝歌。纣王见大势已去，登上鹿台自焚，商朝由此灭亡。

牧野之战又称"武王伐纣"，是武王联军与商朝军队在牧野进行的决战。由于帝辛（商纣王）先征西北的黎，后平东南夷，虽取得胜利，但穷兵黩武，加剧了社会和阶级矛盾，最后导致商朝灭亡。

《史记·周本纪》记载："帝纣闻武王来，亦发兵七十万人拒武王。武王使师尚父与百夫致师，以大卒驰帝纣师。纣师虽众，皆无战之心，心欲武王亟入。纣师皆倒兵以战，以开武王。武王驰之，纣兵皆崩畔纣。纣走，反入登于鹿台之上，蒙衣其殊玉，自燔于火而死。武王持大白旗以麾诸侯，诸侯毕拜武王，武王乃揖诸侯，诸侯毕从。武王至商国，商国百姓咸待于郊。于是武王使群臣告语商百姓曰：'上天降休！'商人皆再拜稽首，武王亦答拜。遂入，至纣死所。武王自射之，三发而后下车，以轻剑击之，以黄钺斩纣头，县大白之旗。"

武王灭商后，为了巩固全国政权，定都镐京（今西安市西南），追封父亲为文王，另外做出一系列调整政策，将枉死于纣王之手的比干改葬，释放被纣王禁锢的箕子。对其他部落实行大分封：将神农氏的后人封于焦，黄帝的后人封于祝（今江苏赣榆区），尧的后人封于蓟（今天津蓟州区），舜的后人封于陈（今河南淮阳县），夏朝的后人封于杞（今河南杞县）。

周武王将纣王的儿子武庚安置在商朝的首都殷，为了牵制武庚的势力，又为自己三个弟弟分封了封地：管叔鲜于管（今河南郑州市），蔡叔度于蔡（今河南上蔡县），霍叔处于霍（今山西霍州市），是为三监。

为了加强对周朝控制下土地的管理，对周的开国元老实行大分封，如将吕尚封于齐，周公旦封于鲁，召公奭封于燕。据记载，周初总计分封 71 个诸侯国，其中兄弟国 15 个，同姓国 40 余个。之后派兵征讨商朝各地残余力量以及东夷势力，据记载当时共讨伐了 99 国，有 652 国向武王臣服。

为了吸取商朝灭亡的教训，周武王专程将箕子接到镐京，虚心向他请教安邦治国之道。根据箕子讲述的道理，周武王同姜太公、周公旦等商议，决定将古时已有但还未完全形成的宗法制度进一步完善和确定下来，即把全国分成若干个侯国，由周天子分封给在灭商大业中做出贡献的姬姓亲族和有功之臣；各诸侯可以拥兵，但必须随时听从天子调遣，定期向天子纳贡、朝贺；允许封侯世代承袭，并可在封国内分封卿、大夫；天子对诸侯有赏罚予夺之权，对封国中分封的卿、大夫也有权过问。毫无疑问，周武王实行的封邦建国方略，相对于商朝那种原始小邦林立的现象来说，显然是一个进步。它确有统天下于一尊的意义，在当时起到了巩固和加强全国统治的作用。

武王克殷二年后（约前1043）驾崩，年寿有94岁、93岁、54岁、45岁，甚至有60多岁等说法。元年夏六月，武王葬于毕。由周公旦、召公奭和太公望辅佐继承人成王。

周武王有着广阔的心胸和长远的眼光，有着果断的处事能力，在看到商纣王昏庸无道时，他打出了为民请命、替天行道的旗号来获得广大民众的拥护，从而大大地扩大了自己的实力和影响力。在伐纣的过程中，他以大无畏的精神亲自带兵直捣朝歌，打了纣王一个措手不及。同时，周武王有着杰出的个人魅力，受到人们的爱戴，这也是他获得民众支持的一个重要原因。

家族成员

父亲：周文王姬昌

母亲：太姒

王后：邑姜，姜姓，齐太公吕尚之女。

儿子：周成王姬诵，唐叔虞，邘叔，应侯，韩侯。

女儿：长女大姬，陈国君主陈胡公之妻。

长兄：伯邑考（姬考），母为太姒。早卒。

三弟：管叔鲜（姬鲜），母为太姒。与蔡叔度、霍叔处并称周初三监，监护殷商的顽军遗民。后发动三监之乱，声讨周公，兵败被杀，封国被废。

四弟：周文公旦（姬旦），母为太姒，也称周公旦。

五弟：蔡叔度（姬度），母为太姒。与管叔鲜、霍叔处、武庚发动了三监之乱，声讨周公。兵败后被流放于郭邻，卒于迁所。周公命蔡叔度子仲继位于蔡。

六弟：郕叔武（姬武），母为太姒。

七弟：霍叔处（姬处），母为太姒。与管叔鲜、蔡叔度、武庚发动了三监之乱，声讨周公。兵败后被贬为庶人，周公旦命霍叔处的儿子继任霍国君主。

八弟：卫康叔（姬封），母为太姒。平定三监之乱后，在商朝故墟朝歌建立卫国，徙封康叔于卫。

九弟：毛叔郑（姬郑），母为太姒（据《毛公鼎》铭文记载可知，为周文王之孙，冉季载之子）。

十弟：冉季载（姬载），母为太姒。由四兄封季载在聃国，在今河南颍州区西，官职司空，辅佐周成王。

十一弟：郜叔。

十二弟：雍伯。

十三弟：曹叔振铎（姬振铎）。

十四弟：错叔绣（姬绣）。

十五弟：毕公高（姬高）。

十六弟：原伯。

十七弟：酆侯。

十八弟：郇伯。

三、周成王姬诵

周成王姬诵（前1055—前1021），姬姓，名诵，周武王姬发之子，母邑姜（齐太公吕尚之女），西周王朝第二位君主，在位21年。

周成王继位时年幼，由周公旦辅政。周成王亲政后，营造新都洛邑并大封诸侯，还命周公东征、编撰礼乐，加强了西周王朝的统治。公元前1021年，周成王驾崩，享年35岁。周成王与其子周康王统治期间，社会安定，百姓和睦，"刑错四十余年不用"，被誉为"成康之治"。

周武王去世时，姬诵被立为成王。由于成王年幼，天下初定，叔父周公唯恐诸侯叛周，于是摄政理天下。

管叔、蔡叔等弟兄怀疑周公篡位，联合武庚发动叛乱。周公奉成王的命令平定叛乱，诛杀了武庚、管叔，流放了蔡叔。

奄国主要分布于今山东曲阜附近，是商朝极有实力的方国之一。在商中期，商王南庚、阳甲均曾定都于奄，到盘庚时才迁都于他处，而奄保留了大量商朝子民，逐渐发展成东方的强大方国，又因与商的密切关系，而被大量史料称为"商奄"。

"三监之乱"爆发后，原分封于殷商旧地的管叔、蔡叔及殷纣之子武庚禄父起兵叛乱，叛乱还得到徐国、奄国、薄姑等东方小国的支持。据史书记载，奄君薄姑当时劝禄父说："武王刚死，成王年幼，周公被天下人怀疑，这正是千载难逢的好机会，请举事！"叛乱的影响很大，成王命周公调大军东征，"一年救乱，二年克殷，三年践奄"，才得以平叛。此次叛乱的主角武庚被杀，管叔自杀，蔡叔被俘，奄国被灭，并将其国君迁到蒲姑（今山东青州市附近）。

营造洛邑时，周公对洛邑占卜考察，在这之后回到镐京，向成王报告营建洛邑的经过。洛邑建成后，周公把政权交给成王，成王归镐。

不久，成王来到洛邑，召公令各方诸侯前来朝贺，向周公、成王奉献玉璋、大弓等礼品。召公向成王献词："皇天上帝让你做黎民之元首，请接受上天赐您的神圣职责。殷纣无道，万民哀号，上天怜悯苍生，把天下托付盛德的文王、武王。今王嗣位，宜勉修德政，以祈不负上天重托，不废先王之功业。王虽年幼，但为国之元首，望能和洽民众。今王迁宅于土中（洛邑），亲理朝政，动静语默，均须持重，应敬重德行，躬行德教。上天将根据帝王的德行赐智慧，赐吉凶，赐享国期限。我王初据新都，更应崇尚美德，祈求上天赐予永久的治理天下的使命。今我率众邦君长，入朝进贺，并非慰劳君王，只是供奉礼品，献祭于上天，使王位世代相传，永无止期。"

成王五年四月，周王朝开始在成周营建都城，成王对武王进行了丰福之祭，成王在京宫大室中对宗族小子何进行训诰说道："何的先父公氏追随文王，文王受上天大命统治天下。武王灭商后就告祭于天，将以洛邑作为天下的中心，统治民众。你们这些后辈要记住祖先的荫福。"随后成王赏赐何贝三十朋。

成王七年二月，成王遣太保召公先前往洛邑相土，三月又遣周公到成周占卜吉日迁宅。

在洛邑举行祭祀大典时，周公说："新都洛邑已成，它将是您始作万民明君之地。在那里，你将首次奉行隆重礼仪，在洛邑举行祭祀大典，这一切都已经有条不紊地进行了安排。"成王说："你勤勉辅佐我这个年轻人，指示我弘扬文王、武王之功业，奉答天命，和抚万民，居于洛邑，举行大典。您的教导，我无不顺从。"

朝贺已毕，成王率满朝公卿、众邦君长在洛邑举行冬祭，时在周公摄政七年十二月十二日。次年正月初一，成王亲政，以朝享之礼献祭于文王、武王之庙，禀告嗣位大事。在文王庙、武王庙各献一头赤色牛。成王入太庙，献酒于先王之灵。至此，成王完成迁都和亲政大礼。

成王迁宅之说，在文献、考古均也得到证实。20世纪60年代，在陕西出土的"何尊铭文"，对成王迁宅洛邑有明确记载，其"迁宅于成周""宅兹中国，自之乂民"语，记载了成王迁宅于成周（洛邑）的历史。古人称洛邑为中国，意为天下之中，这是"中国"一词最早见于史籍。周王朝在这里建立新都，有利于对民众的统治。

成王亲政后，周公写有告诫之词《尚书·无逸》，是告诫成王不要过分追求享受，无节制地游乐、嬉戏、酗酒、田猎，于国于身均不利。

周成王七年（前1037），周王朝苦心营建的洛邑宣告竣工，随即就以"四方入贡道里均"为由，决定以洛邑为新都，史称"新邑"，颁布《召诰》《洛诰》，并为此举行盛大的诸侯集会。这是周成王即位后第一次会盟诸侯，各方诸侯以其方物进献王室，史载这场检阅诸侯的盛会规模盛大。成周朝会诸侯，坛上挂着红帐子，用黑羽毛作装饰。天子成王面朝南方，冠冕上没有垂珠，朝服八彩色，腰间插着大圭。唐叔、郇叔在左，周公、太公望在右，都有冠冕，也没有垂珠，朝服七彩色，腰插笏板，依傍天子站在坛上。

成王临终，担心太子姬钊胜任不了国事，就命召公、毕公率领诸侯辅佐太子登位。成王逝世之后，召公、毕公率领诸侯，带着太子钊去拜谒先王的宗庙，用文王、武王开创周朝王业的艰难反复告诫太子，要他一定力行节俭，戒除贪欲，专心办理国政，写下了《顾命》，要求大臣们辅佐关照太子钊。太子钊登位，这就是康王。康王即位，通告天下诸侯，向他们宣告文王、武王的业绩，反复说明并写下了《康诏》（康王之诰）。在成王、康王之际，天下安宁，四十年不曾使用刑罚，史称"成康之治"。

　　成王为政期间大封诸侯，加强宗法统治权力，对内推行周公"以德慎罚"的主张，务从节俭，用以缓和阶级矛盾；对外不断攻伐淮夷，用武力控制东方少数民族地区，取得了很大胜利。另外还命令周公制礼作乐，规划各项规章制度，奠定了西周王朝的基础。成王时期，社会安定，人民和睦，歌颂太平盛世之声不绝于耳。

　　成王与其子康王统治时期，合称"成康之治"：是周代的兴盛时期。后世以"成康之治"评价成王与其儿子周康王的政绩，史称当时天下安宁，四十余年不用刑罚。　因此，成王在位的22年和儿子康王在位的25年，前后四十多年，周朝社会安宁，人民安居乐业，成为西周盛世，史称"成康之治"。

家族成员

父亲：周武王姬发。

母亲：邑姜。

儿子：周康王姬钊。

孙子：周昭王姬瑕。

重孙：周穆王姬满。

四、周康王姬钊

周康王姬钊（？—前996），姬姓，名钊，周武王姬发之孙，周成王姬诵之子，西周王朝第三位君主，夏商周断代工程将其在位时间定为公元前1020年—公元前996年。

周成王临终前，担心太子姬钊不能胜任君位，于是命召公奭、毕公高率领诸侯辅佐太子姬钊登基。

周康王即位后遍告诸侯，向他们宣告周文王、周武王的事业，以申诫诸侯，写下《康诰》。

周康王作《康诰》，除用大量篇幅来叙述登基事项，更有不少关于加强法律法规和治理整顿军队等治国政策。周康王登基伊始，便已制订出一套比较合理的计划，他一直孜孜不倦地按照既定的方针政策，履行他的治国安邦的理念。由于周文王、周武王在位期间，周朝就已经比较强盛，后来再经过周公、周成王的努力，周朝国力进一步得到发展。周康王即位后，继续推行周成王在位期间所实行的国策，再接再厉使经济得到更大的发展，国库丰裕，百姓安居乐业，社会安定团结，到处呈现出一派升平盛世的景象。百姓生活富足，路不拾遗，夜不闭户。

周康王二十五年，为了消除边患，周康王命盂率领大军进攻鬼方，鬼方亦调兵迎战。经两次大规模作战，周军斩杀鬼方4800多人，俘获其4名首领及士兵1.3万多人，还缴获了很多车马和大量牛羊。经过此战，周军将鬼方驱逐至远离镐京的泭陇和岐周以西，西周北边境得到了暂时的安定。

周康王二十五年（前996），周康王在镐京去世，谥号康王，葬于毕原。死后由其子姬瑕即位，是为周昭王。

家族成员

父亲：周成王姬诵。

儿子：周昭王姬瑕。

孙子：周穆王姬满，周昭王之子。

五、周公旦

周公旦（生卒年不详），姬姓，名旦，周文王第四子，封地在鲁（今山东），史称周公。西周初期杰出的政治家、思想家、军事家。

武王死后，成王年幼，由周公旦摄政。其间，管叔、蔡叔、霍叔勾结商纣子武庚和徐、奄等东方夷族发动叛乱，史称三监之乱。他奉命出师，三年后平叛，并将国家势力扩展至东海。后建成周洛邑，史称"东都"。《尚书·大传》称"周公摄政，一年救乱，二年克殷，三年践奄，四年建侯卫行书，五年营成周，六年制礼作乐，七年致政成王。"

为了进一步巩固周朝政权，周公旦制礼作乐，制定和推行了一套维护君臣宗法和上下等级的典章制度，主要有"畿服"制、"爵谥"制、"法"制、"嫡长子继承"制和"乐"制等，其中最重要的是嫡长子继承制和贵贱等级制。殷商时，君位的继承多半是兄终弟及，传位不定。周公旦确立的嫡长子继承制，即以血缘为纽带，规定周天子的王位由嫡长子继承。同时，把其他庶子分封为诸侯或卿大夫，他们与天子的关系是地方与中央、小宗与大宗的关系。周公还制定了一系列严格的君臣、父子、兄弟的亲疏、尊卑、贵贱的礼仪制度，以调整中央和地方、王侯与臣民的关系，加强中央政权的统治。

周公摄政 7 年，成王长大，他决定还政于成王。在还政前，周公作《无逸》，以殷商的灭亡为前车之鉴，告诫成王要先知"稼穑之艰难"，不要纵情于声色、安逸、游玩和田猎。然后"还政成王，北面就臣位"。

年老病终前，周公叮嘱说："一定要把我葬在洛邑，以表示我至死也不能离开成王"。不久辞世。

周公临终时要求把他葬在成周，以示不离开成王的意思。成王心怀谦让，把他葬在毕邑，在文王墓的旁边，以示对周公的无比尊重。

六、太公

姜太公，即姜尚（史称太公望，史书皆称吕尚、吕望，俗称姜太公、姜子牙），为炎帝之后。本为姜姓，因先祖伯夷为尧帝时的四岳之官，在舜帝时为秩宗，典朕三礼，辅佐大禹治理水土有功，受封为吕侯，赐姓姜，封于吕地（位于今河南南阳市卧龙区王村乡董营村，姜子牙就出生在董营村），后以其封地为姓，故曰吕尚。

姜太公是周文王倾商、武王克殷的首席谋士，最高军事统帅，西周的开国元勋，齐文化的创始人，亦是中国古代杰出的谋略家、军事家与政治家。

相传姜太公家原为贵族，后家道中落，至他时已沦为贫民。

为维持生计，姜太公年轻时曾在商都朝歌（今河南汲县）宰牛卖肉，又到孟津（今河南孟津县东北）做过酒生意。他虽贫寒，但胸怀远大，始终不倦地研究、探讨治国兴邦之道，以期有朝一日能够大展宏图，为国效力。直到暮年，才得以施展才华。

当时，正是殷商王朝走向衰亡的时期。纣王暴虐无道，荒淫无度，民不聊生，怨声载道。周国由于周文王倡行仁政、发展经济，实行勤俭立国和裕民政策，社会清明，人心安定，国势日强，天下民众倾心于周，四边诸侯望风依附。姜太公获悉姬昌是为了治国兴邦，正在广求天下贤能之士，便毅然离开商朝，来到西周领地渭水之滨，终日以垂钓为事，等待时机。一天，姜太公在垂钓时，恰遇到此游猎的周文王，两人不期而遇，谈得十分投机。

周文王见姜太公学识渊博，通晓历史和时势，便向他请教治国兴邦的良策。姜太公当即提出了"三常"之说："一曰君以举贤为常，二曰官以任贤为常，三曰士以敬贤为常。"意思是，要治国兴邦，必须以贤为本，重视发掘、使用人才。周文王听后甚喜，说道："我先君太公预言：'当有圣人至周，周才得以兴盛。'您就是那位圣人吧？我太公望子（盼望先生）久矣！"于是，周文王亲自把姜太公扶上车辇，一起回宫，拜为太师，称"太公望"。从此，英雄有了用武之地。

姜太公在辅佐周文王期间，为强周灭商制定了一系列正确的内外政策。对内，实行农人助耕公田纳九分之一的租税，八家各分私田百亩，大小官吏都有分地，子孙承袭等经济政策，为灭商打下了经济基础。对外，表面上坚持恭顺事殷以麻痹纣王，暗中争取邻国势力，逐步拉拢、瓦解殷商王朝的盟邦，从而削弱和孤立殷商王朝。在姜太公的积极谋划下，归附周文王的诸侯国和部落越来越多，出现了"天下三分，其二归周"的局面，为最后消灭商朝创造了条件。周文王死后，周武王姬发继位，拜姜太公为国师，尊称师尚父。姜太公继续辅佐周国朝政。

一次，周武王问道："我欲轻罚而重威，少行赏而劝善多，简其令而能教化民众，何道可行？"姜太公答曰："杀一人而千人惧，杀二人而万人惧，杀三人而三军振者，杀之。赏一人而千人喜，赏二人而万人喜，赏三人而三军喜者，赏之。令一人而千人行者，令之；禁二人而万人止者，禁之；教三人而三军正者，教之。杀一以惩万，赏一而劝众，此明君之威福。"周武王言听计从，时时慎于行赏，力求令行禁止，使政治愈益清明。而此时的殷商王朝政局更加昏暗，叛殷附周者日多。

周公塑像

周武王九年（前1038），为了探察诸侯是否会集而东讨商朝，周武王在举行了历史上有名的"孟津之誓"，发表了声讨殷纣王的檄文。当时许多诸侯都说"商纣可伐！"周武王和姜太公认为时机尚不成熟，殷商王朝的统治虽已陷入内外交困、岌岌可危的境地，但内部尚无明显的土崩瓦解之状，如果兴师伐纣，必然会遭到顽强抵抗。于是，周武王决定班师而回。这次行动实际是灭商前的一次预演，在诸侯国间产生了强烈影响，使更多诸侯听命于周武王。

周武王十一年（前1036），殷商王朝统治集团核心发生内讧，良臣比干被杀，箕子被囚为奴，微子启惧祸出逃，太师疵、少师强投降周武王。周武王问姜太公："殷大臣或死或逃，纣王是否可伐？"姜太公答道："天与不取，反受其咎；时至不行，反受其殃。"周武王闻言，决意举兵伐纣，遍告诸侯说："殷有重罪，不可以不毕伐"。遂以姜太公为主帅，统领兵车300乘、虎贲（猛士）3000名、甲士4.5万人，以"吊民伐罪"为号召，联合各诸侯国出兵进打商都。

但占卜结果并不吉利，部队行至汜水牛头山时，风疾雷厉，旗折鼓毁，群公疑惧，有人甚至请求还师。只有姜太公坚持出兵，"今纣刳比干，囚箕子，伐之有何不可？举事而得时，则不看时日而事利，不假卜筮而事吉，枯草朽骨，安可知乎！"他说那些占卜用的龟甲和蓍（音式）草根本不懂什么吉凶。姜太公亲自援枹而鼓，率众先涉河，周武王最终听从了姜太公的意见，统兵前进。二月甲子（二月五日），周武王率领大军会合庸、蜀、羌、微、卢、彭、濮等方国战车4000乘陈师牧野，与纣王的17万大军展开决战。拂晓，进行庄严的誓师——这便是历史上有名的"牧誓"。誓词历数纣王罪行，说明伐纣之举的目的就是替天行罚，并宣布战法和纪律要求，激励战士勇猛果敢作战。周武王令姜太公亲统百名精锐勇士"致师"——发起挑战，接着指挥戎车300乘、虎贲3000人、甲士4.5万乘势驰逐冲击。纣师虽众，却无斗志，而且"前徒倒戈"——前面的士卒调转矛头指向商军，给周武王开路。周武王见此景，指挥全军奋勇冲杀，商纣王的十几万大军，当天就崩畔瓦解。纣王见大势已去，在鹿台投火自焚，殷商王朝宣告灭亡。

牧野之战所以能大获全胜，多赖姜太公英明的指挥。在作战时机的把握上，选择在纣王麻痹松懈、众叛亲离之时；在力量的组织上，以"吊民伐罪"为号召，联合诸侯共同伐商；在作战指挥上，首先以兵车、猛士从正面展开突击，尔后以甲士展开猛烈冲杀，一举打乱了商军的阵势，最后夺取了战争的胜利。

周朝建国之后，姜太公因灭商有功，被封于齐，都城营丘（今山东昌乐县营邱镇驻地）。姜太公东行到自己的封地去时，路上每宿必留，有人对他说："我听说过时机难得而易于失去，作为一个客人，安于路边旅店中的享乐，恐怕不像到自己封地上任的样子。"姜太公听了，夜里穿起衣服马上前行，天亮时到达营丘。姜太公待齐国政局稳定后，开始进行政治制度改革。他顺应当地的习俗，化简周朝的繁文缛节，大力发展商业，让百姓享受渔盐之利。在周成王时，管叔、蔡叔作乱，淮河流域的少数民族也趁机叛乱（参见周公东征），周王下令给姜太公说："东到大海，西到黄河，南到穆岭，北到无棣，无论是侯王还是伯男，若不服从，你都有权力征服他们。"从此，齐国成为大诸侯国，疆域日益广阔，为其后来成为春秋"五霸"和战国"七雄"之首奠定了基础。姜太公活了一百多岁而卒。为逃避战乱，祖孙后代改姓丁（因北方的姜与南方的丁同音）位于湖南常德一带。相传兵书《六韬》为姜太公所作，后人考证系战国时人托名之作。但从现存的内容看，基本上反映的是姜太公的军事实践活动和他的韬略思想。司马迁在《史记·齐太公世家》中指出："后世之言兵及周之阴权皆宗太公为本谋。"

姜太公作为著名的军事家，署名的军事著作在《汉书·艺文志》道家类中著录有《太公》237篇、《谋》81篇、《言》71篇、《兵》85篇。署名姜太公著述的《六韬》虽非太公自著，但反映了他的军事思想。姜太公是中国古代第一个军师型的军事家、政治家，其军事韬略在中国战争史上占有重要地位，对后世用兵起到了深远影响。

家庭成员

妻：申姜。

儿子：丁、壬、年、奇、枋、绍、骆、铭、青、易、尚、其、佐。

女儿：邑姜，是周武王的王妃。

七、鲁公伯禽

鲁公伯禽，西周初年人，姓姬，字伯禽，亦称禽父。周公旦长子，鲁国的第一任国君。周灭商后，武王封周公于鲁，因留京辅政，于是派伯禽代其就国。成王时下令将奄国和"殷民六族"赐给伯禽，并送他许多典册文物、宝器仪仗。伯禽到鲁国不久，东方发生了武庚、管蔡之乱，徐戎淮夷和南方的熊盈以及纣王的猛将蜚廉也闻风而动，前来攻打鲁国。伯禽率师到达费地，亲作《费誓》，以严明军纪。在全体将士努力奋战及齐军的支援下，不久战事就形成了相持局面。在平定武庚、管、蔡之后，齐、鲁、周三支军队又经过2年苦战，终于稳定了鲁国政权。

伯禽在鲁国苦心经营了3年，才去镐向周公汇报国政。周公问道："为什么报政这么晚呢？"伯禽回答说："我在改造当地的风俗，变革当地的礼仪，寻常百姓父母死后也要服丧3年，所以到这时候才来报政。"伯禽坚持以周礼治国，在位46年，鲁国的政治经济都出现了新局面。其辖区北至泰山，南达徐淮，东至黄海，西抵阳谷一带，成为周王朝控制东方的一个重要邦国，并享有"礼仪之邦"的美称。

第二节 逸闻趣事

一、成语典故

（一）画地为牢

相传周文王治岐时，如果有人犯了错误，就地画个圈限制其自由以示惩罚，即使身边空无一人，此人也决不会踏出圆圈半步。"画地为牢"比喻只许在指定的范围内活动。

有个打柴的人叫武吉，是一个孝子。一天，他到西岐城来卖柴，在南门时正赶上文王的马车路过，由于市井道窄，扁担一头向下一沉，把守门的军士王相打死了。武吉被士兵擒拿后，带来见文王。文王说："武吉既打死王相，理当抵命。"便命人在此地画个圈当作牢房，竖根木头为狱吏，将武吉扣在圆圈内。三天后，大夫散宜生路过此地，见武吉悲声痛哭，问他："杀人偿命，理所当然。你为什么要哭呢？"武吉说："小人母亲70岁了，她只有我一个孩子，小人也没有妻子，母老孤身，怕要被饿死了！"散宜生见文王后讲了此事，文王听后就下令让武吉回家去了。画地为牢的成语却留了下来。

（二）周公吐哺，天下归心

"周公吐哺，天下归心"出自东汉文学家、诗人、军事家曹操的诗歌《短歌行》。据说周公曾自言："吾文王之子，武王之弟，成王之叔父也；又相天下，吾于天下亦不轻矣。然一沐三握发，一饭三吐哺，犹恐失天下之士。"意思是说周公为了招揽天下贤能之士，接见求见之人，一次沐浴要多次握着头发，一餐饭期间要多次停下接见宾客。后遂用"周公吐哺、一沐三握、一饭三吐"等表示思贤如渴、礼贤下士，为招纳人才而操心忙碌的样子。由此可以看出从古至今，人才都是决定民族兴亡、国家发展的重要因素。

（三）宁从直中取，不在曲中求

姜子牙得知西伯侯姬昌在求贤，就来到西岐。但他并没有急着去找西伯侯，而是在渭河边钓鱼。一天，西伯侯来到渭河边，看到一位老人坐在一块大石头上正悠闲地用没有弯钩的鱼竿钓鱼，问道："先生钓鱼为什么用直针而不用钓钩？"答："宁从直中取，不在曲中求！"经过一番对话，西伯侯认定眼前这位老人就是可以帮助自己讨伐纣王、安邦定国的大贤，遂邀请他辅佐自己。

为了考验西伯侯的诚意，姜子牙不骑骏马，不乘金车。西伯侯硬是把姜子牙请到车上，亲自拉车。走了不远，西伯侯累了，想停一停。姜子牙说："不要停，再坚持一下。"又走了一段路，西伯侯很累了，想歇一歇。姜子牙说："不要歇，再挣扎一下。"又向前拉了几步，西伯侯实在拉不动了，就停下来休息。姜子牙对西伯侯说："我将竭尽全力，辅佐您讨伐殷纣王，建立周朝。您拉了我801步，我保您周朝801年的江山。"西伯侯一听，又顿时来了精神，说："先生您安坐车上，我还能再拉您几百步！"姜子牙笑了笑，说："不必了，天机已经泄露，再拉就没用了，我只能保您周朝801年的江山。"

于是，就有了周朝801年历史之说。

（四）姜太公钓鱼，愿者上钩

比喻心甘情愿地上当。太公：指周初的吕尚，即姜子牙。

商朝末年，姜子牙已年近80，却怀才不遇，只当了一个下大夫。他见纣王无道，又受到妲己的迫害，便逃出商朝都城朝歌。他来到渭水边隐居，天天钓鱼。他钓鱼与众不同，杆短线长，钩直无饵。他一边钓鱼，一边自言自语地说："姜太公钓鱼，愿者上钩！"

一天，西伯侯姬昌回西岐，途经渭水，与姜子牙相遇，相聊后认为他是位贤才，就亲自请他去西岐。姜子牙后被封为丞相，帮助武王伐纣，创立周朝。

（五）桐叶封弟

周公旦为周朝开国功臣，他是周成王姬诵的叔叔。周成王即位时，年龄非常小，所以由周公摄政。周公发挥自己的才能，为周王朝制定了一整套典章制度。

有一天，姬诵和弟弟叔虞在宫中玩耍，姬诵随手捡起了一片落在地上的桐叶，把它剪成玉圭形，送给了叔虞，并且对他说："这个玉圭是我送给你的，我要封你到唐国去做诸侯王。"史官们听后，把这件事告诉了周公。周公见到姬诵，问道："你要封叔虞吗？"姬诵说："怎么会呢？那是我跟弟弟说着玩的。"周公却认真地说："天子无戏言啊！"

后来，姬诵只得选择吉日，把唐国赐给叔虞作封地，史称唐叔虞。叔虞长大后励精图治，以自己的智慧才能，带领百姓兴修水利、改良农田，大力发展农业，使唐国百姓逐渐过上了安居乐业的生活。

（六）防民之口甚于防川

西周时期，周厉王生性贪婪残暴、生活腐化，他任用荣夷公管理财政事务。荣夷公提出一种由王室垄断山林川泽的办法，禁止平民随意上山打柴捕猎，引起了广大平民的不满。周厉王听不进去忠臣的进谏，致使民怨沸腾。召公听到了平民的言论，就向周厉王做了如实的汇报。周厉王听后火冒三丈，就让一个巫师负责监视平民的言论，并下令说：如果有谁再敢诽谤朝政，格杀勿论。于是人们都不敢再讲话了，各地诸侯也不再来朝见。平民敢怒不敢言，在大街上见面只是"道路以目"。召公看到这样的情况便说："防民之口，甚于防川。这样堵住人民的嘴，就像堵住了一条河，河一旦决口，要造成灭顶之灾；平民的嘴被堵住了，带来的危害远甚于河水。治水要采用疏导的办法，治民要让天下人畅所欲言，然后采纳其中好的建议。这样，天子处理国政就少差错了。"周厉王不以为然，一意孤行，终于在三年后爆发了"国人暴动"。

二、传说故事

（一）文武柏

在周陵的南司马道上，长着一棵奇特的柏树，当地百姓称它为"文武柏"或"阴阳柏"。此树高约10米，树冠5米，树冠主干3米处呈圆锥形。奇特之处是，此树分别长出刺柏和侧柏两种柏叶。所以，百姓称它为"文武柏"，认为它是"文武之道"的象征。周陵陵园基本呈方形，文王陵和武王陵依次排列在陵园中轴线上。文王陵前的司马道上排列有大殿、献殿、文王坊，其他建筑和树木都在司马道两旁呈对称分布，文武柏却长在司马道

第三章　周陵人物概况

79

中轴线。相传，安葬在周陵的文王、武王、成王、康王4位君王和周公、太公、鲁公、毕公等臣子的陵墓是按照八卦布局，连接各陵墓的道路叫"八卦路"。"文武柏"生长的地方就是八卦中心双鱼图的位置，因而文武柏也叫"阴阳柏"。

（二）文王蒿

文王陵上生长着一种红杆蒿，当地人俗称"文王蒿"。

相传当年纣王听了崇侯虎谗言，把文王骗到朝歌后关进监狱，一关就是7年。在这7年里，纣王用各种手段考验文王对他的忠心，最让文王痛心的是纣王杀了他的大儿子伯邑考，并做成人肉包子送给他。如果文王不吃，就有谋反之意，要被立即处死。文王明知是亲子之肉，但他强忍悲痛吃完了包子。

被关押的日子中，文王只能一心研究伏羲氏的八卦。有一天，他在昏暗的油灯下发现墙根长出一株蒿草。为了让这株小草健康成长，他每天用自己喝的水浇灌小草。小草在文王的精心呵护下长势喜人，还散发出一种淡香，这种淡香在夏季能驱虫防蚊。

后来，纣王看文王整日除了摆弄八卦，并无他事，加之西岐送来很多珍奇异宝，就同意放文王回西岐。文王离开朝歌时，纣王不允许他带走相伴几年的蒿草种子，他只好含泪舍弃。

文王去世后，周武王灭商。之后，周武王带领文武百官祭奠父亲，有大臣发现文王墓上长出一种奇异的蒿草，枝干通红，清香四溢。大家都近前观看，其中几个老臣突然双膝跪下，痛哭不止。原来这种蒿草就是先王被关押在朝歌时和他相伴的小草，谁知这蒿草竟自己来和文王相伴。

自此后，人们就称它"文王蒿"。奇怪的是，文王蒿只在文王陵生长。每年开春，陵上的文王蒿就吐露新芽，百姓们采一把回家蒸食，全家人一年无疾。夏季折一把文王蒿放在家里可驱蚊蝇，文王蒿被视为吉祥草。家里来了亲朋好友，主人也要折一把文王蒿相赠。

（三）七色夯土

周代陵墓"不封不树"，文王陵和武王陵却有高大的封土。那么，周陵的封土是谁堆起来的？关于此，民间有一个关于"七色土"的传说故事。

据说，周朝帝王都继承文王勤俭爱民的美德，丧事从简，不陪葬金银珠宝，只派几户本姓后人去守陵，也就不存在兴师劳民修封土。周陵的封土是分封在各地的诸侯从封地带来的不同颜色的土堆起来的。

当年，周武王联合诸侯灭商统一天下、建立周朝，采纳周公的建议实行分封制。被封的诸侯纷纷带领族人赶往封地，周人本擅长农耕，要发展农事就要对当地的土质有所了解，根据土质和气候的情况种植适合的农作物。所以，诸侯们年底回京汇报工作时都要带一些当地的土回来，以供大家研究。

由于过度操劳，武王在立国后第三年就去世了。大家虽然都很难过，但回来时还是像往常一样把自己封地的土带回来。后来，有人把带回的土倒在文王和武王的墓上，以慰先祖。就这样，各地诸侯每年回京时都要带土覆在墓上。若干年后，文王墓和武王墓就有了高大的封土。由于各地的土色不同，所以后人就称文王墓和武王墓为"七色夯土"。

（四）自古无人盗周陵

周陵镇以周陵得名，这里的百姓把周陵称为"陵上"。每月初一和十五，周围老百姓都要去陵上给"文王爷"烧烛香，农闲时也都习惯到"陵上"逛逛。来陵上逛逛的青年经常围在那些老者身边，听他们讲陵上过去发生的神奇故事。

西汉末年，各地起义军揭竿而起，赤眉军打到咸阳后为了筹集军饷，就在五陵塬上盗掘帝王陵墓，长陵、茂陵、安陵等西汉帝陵都被起义军所盗。最后，他们认为文王陵一定有更多财宝，就计划盗掘文王陵。由于当地百姓看护得很严，起义军只能在一个漆黑的夜晚带着士兵去陵园盗宝。谁知这帮人进入陵园刚开始挖坟，突然天空出现一道白光，顿时雷电鸣闪，道道闪电如愤怒的火龙向盗贼扑来，把整个陵园照得一片通红。就在盗贼们被吓得不知所措时，一道闪电直扑下来烧着了盗贼带来的炸药，刹时间这些人被炸得死无全尸。第二天一大早，附近村民来陵园一看究竟，只见陵前一片狼藉。

时隔不久，人们发现陵上文王爷庙前经常坐一位老道，天天给围观的孩子们讲故事："文王爷坐羑里，为救民于苦难，忍痛食子肉，演八卦，修德行。回西岐后，励精图治，爱民如子，招贤纳才，渭水河畔得飞熊。灭商纣，定丰京，咸阳塬上选风水。据泾浮渭，头枕岐凤，脚蹬八斗，九嵕秦岭两条龙。"当地人世世代代听着这个似懂非懂的故事，留下了自古无人敢盗掘周陵的传说故事。

第四章

诗词歌赋咏周陵

第一节　诗

毕塬荒冢

明·赵琏

闻道咸阳毕郢塬，何其今日得盘桓。

庙古枝苍余紫气，草灵碑断饶荒烟。

德厚不嫌樵牧扰，仁深应恕棘榛连。

壁问隐约琴堪听，韵似空中理七弦。

文陵蓊郁

清·魏毓�澣

灵芝翠柏佛佳城，不比空悬秦汉名。

殿宇仙狐时御火，猎人从未角弓鸣。

祭周陵

清·无名氏

子孙虽愚，经书不可不读。

祖宗虽远，祭祀不可不诚。

毕塬荒冢

李彩蘩

文王既没气犹生，冢墓嵯峨万代贞。

纯德不随碑断改，显谟直与日常明。

山川一带晴光丽，草木千年瑞色横。

自古圣君多硕辅，迄今尚得共荒莹。

登武王陵

张俊辉

牵黄登陵，

极目终南，

佳气葱茏，

雪满太白。

渭水奔赴黄河，

两岸秋浪如潮。

毕郢一塬，

据泾浮渭。

耿光大烈启西周，

制礼作乐育中华，

泾渭分明造"龙穴"，

文武周公长眠。

秦王横马扫六合，

二世不挡楚人枪，

霸王不留关中地，

情歌依旧到此时，

残阳如血，

汉家陵阙。

回头望，

九嵕嵯峨，

泾水滔滔，

李唐男儿战天下，

不低武氏女儿家，

乾陵东望昭陵，

最终归属李家。

泾渭相汇亦分明，

周秦汉唐论英雄，

毕塬能载多少事，

是非不怕后人评。

五千年铁马轶事，

儿女情歌，

尽在黄土中。

周公墓

孟之桂

碧草离离土一邱，丰碑犹共指宗周。

绵延云叶傅东野，凭吊骚人自朔州。

老柏翠凝零雨湿，乱蛩声断筑场秋。

衮衣赤舄传心处，拟有风雷起陇头。

周陵翁郁

陈若旭

远望林区柏森森，高冢累累葬圣君。

紫气一扫千年墓，唯念周公有奇勋。

敢兴大业定天下，遂教礼法化万民。

清明周陵祭祖

李福荣

一

清明细雨洗轻尘， 毕郢原头草木青。
诗友文朋相应请， 追怀远祖赴周陵。

二

牌楼重彩盛天工， 气势恢宏耸碧穹。
翠柏青竹凝敬意， 紫荆灿烂火般红。

三

文王坊楼迥天庭，奇柏双生侧刺浓。
昭示世人休互扰，和谐同处共繁荣。

周　陵

王沂暖

三分有二称文德，牧野誓师见武功。
更有成康能继祖，卜年八百启文明。

初上周陵

邱世鹏

文武柏下坐，寻景绕庙行。
清晨听鸟语，夜半狐叫声。

周　陵

肖墨卿

飞尘翻滚二道塬，稷麦年丰总靠天。

掘地成屋宜为冢，龙虎坟迹壮如山。

西周兴邦四王墓，太公陵寝伴长眠。

从此咸阳有周陵，经风沐浴年复年。

登周陵有感

祁　群

登高远眺展眼观，平川沃壤地无边。

万绿无际层林秀，重恋如涌润心田。

日照润野五彩现，紫气霭飘渺渺间。

惠风人杰风水地，难怪帝王寝毕塬。

赞周陵阴阳柏

祁　群

周陵冢前有古柏，一树两叶阴阳明。

欲知奥妙玄中故，唯有周公能道清。

赞周陵

祁　群

阳春三月好风光，周陵殿前花飘香。

牡丹芍药相争妍，引来蜂蝶飞满院。

咏周陵

许　兵

巍峨周陵傲苍穹，渭水环绕一望中。

明主远去遗风在，毕塬地丰卧巨龙。

祭周陵

王　宇

燕衔细柳传时韵，日照苍松掩古陵。

亲士礼贤谋大略，制仪作乐奠周兴。

飞熊夜梦磻蹊过，疾辇晓军沣水行。

盛世成康辉史册，中华崛起蔚新风。

周陵怀古

李双林

周陵古木秀，周边一片绿。

陵园有青碑，千载一王侯。

大典香火旺，祭祀延千秋。

周史垂百代，盛名遍五洲。

远山含紫气，泾渭水长流。

大德传后世，周绩用不朽。

周陵四宝

冯文强

（一）麦冬灵草

龙脉脉厚龙气洪，灵草麦冬遍地茵。

春来君能食一颗，提神养脑长精神。

（二）红蒿香浓

全球各地红蒿臭，文陵独产香红蒿。

莫有文王德高尚，臭蒿何能味变香。

（三）地墚把抓

文陵森森比海大，林中地墚厚一拃。

娃娃提篮用把抓，地墚包子香万家。

（四）侧柏铺棺

文陵侧柏气味香，移栽祖坟脉气旺。

采来柏朵铺棺底，尸体永存万世长。

第二节　词

长相思·周陵抒怀

张旭东

周文王，周武王，

万里江山八百昌，历代最久长。

国富强，民富强，

华夏龙腾舞凤凰，鹏程映彩光。

长相思·周陵

戴振江

文王陵，武王陵，

父子访贤得太公，灭商仁义兴。

古文明，周文明，

万里江上金鼎盛，高贤千古名。

第三节　赋

周陵赋

李福荣

　　泾渭流水，盈盈汤汤；毕原凝翠，郁郁苍苍。九嵕山下，沃野林茂禾壮；五陵原上，遗存星罗棋布，周陵位列其中。

　　斯陵也，乃周文、武、成、康四王及周公、太公、毕公诸王公之墓葬。位于古都咸阳北莽。背依泾水，面对渭河，虎踞苍林，龙盘翠冈，雄立渭北黄土台塬之上。地生瑞气，天放祥光。陵呈长方，内外两园，互为依傍，相得益彰；前有殿宇巍峨辉煌，后有巨冢高耸雄壮。

　　陵内园，红墙环绕，愈显肃穆端庄；茂密青柏葱茏，更见根盛气昂。步入朱漆大门，牌楼映入眼帘。重榭画枋围拱斗，叠檐浓彩耸苍穹；嵯峨叹天工之巧，屹兀惊神手之长。垂柏青竹凝敬意，奇卉异花送暗香。月月红，浓浓溢芳；文王坊，飞檐欲翔。更有奇柏与坊相映，侧柏刺柏，同生同长，昭示世人休互扰，和谐相处共荣昌。献殿配殿，雕栏画栋。文武成康，栩栩如生，重现当年端庄风采；周公太公，惟妙惟肖，犹见昔日风流气象。两厢碑碣，溢彩流光，琳琅满目，洒洒洋洋；祝文永在龙飞舞，勒石长镌凤翱翔，游人徜徉，低吟细唱；缅怀千秋业，萦绕九曲肠。

　　陵外园，危冢芳草自碧绿，苍柏虬松映天光。陵丘居中央，文王陵在南，武王陵在北，均呈覆斗状，二者相辉映；陵群中"背子怀孙"，凸现出罕见风光。封冢沐浴数千年，高耸挺立吉云翔。每逢四时，四海民众膜拜焚香，虔诚参仰，香烟长长，梵音久久，思接千载，追念先祖丰功无量；每至八节，八方游客登陵展望，寄托哀伤；田畴泱泱，心畴泱泱，缅怀圣宗伟业无疆。

呜呼，华夏文明，源远流长；周陵春秋，灿烂辉煌。咸阳皇天后土，沃野广畅，植被浩繁，气候温良，得天独厚，宜于农桑。天地含锦绣，山川蕴龙骧。周王季历，文王武王，居邑于此，秉周族先祖后稷之遗光，茹苦击壤；继公刘开创农耕文化之足迹，发展弘扬，铸九鼎，开井田，躬耕织，重农桑，福荫天下，百业兴旺；翦灭残暴殷商，世序天地，拓土开疆，威名远扬。周公吐哺，华夏归一统；礼仪治邦，炎黄谱新章。文武之道，一弛一张；礼仪刑政，宽猛有常，后德载物，谊谐八荒，国泰民安，盛世昭彰。周分东西，八百年长。周礼文化，天下传扬；周陵遗存，千秋未央；高山仰止，英名永昌。"咸阳祭周，曲阜祭孔"何等风光。

周礼文化，万邦敬仰；文武功德，山高水长。有宋以降，公祭民拜，熙熙攘攘。周陵遗存九州谒，始祖丰功四海扬。君不见，周陵无夹道之石仪，却有千秋庶民祭祀拜谒；周陵无耸天之石碑，却有五洲赤子凭吊之颂扬。君不见，风雨沧桑，历代君王，有几多四时八节受人膜拜缅怀；岁月更迭，诸朝将相，有几多万载千秋被人追忆景仰？

噫吁唏，周陵历经沧桑，芳名九州飘香。文治武功耀古今，自有国魂民意藏。周陵不老，万古流芳。斯地与天地同在，并日月齐光；一种符号，永镌炎黄心上，一块锦章，高悬华夏身上；

93

寄托了对曾经的秩序、和谐、安定、富足社会的怀念，寄托了对中华民族灿烂文化的向往，鼓舞炎黄子孙谱写中华民族之正气歌，开拓创新中华民族大气磅礴威武雄壮历史之华章。

忆往昔，似水岁月峥嵘；看今朝，如锦事业辉煌。周陵身旁，铁龙穿梭驰骋；周陵天上，银鹰凌空翱翔。改革开放潮涌，周礼文化弘扬；科学发展，纲举目张；发扬民主，致富图强；以人为本，百业兴旺；天人合一，地久天长；九州福祉，四季嘉祥。华夏文武百事成，炎黄和谐万事康。赞曰：

文武成康百世芳，化民礼法九州昂。

天人一体功高远，蔚起中华谱锦章。

第五章

周陵学术著作

一、《元圣周公墓在周陵考》

【内容提要】本文引经据典、深度辨析，并实地考察毕地和秦文王陵、秦武王陵以及周陵之所在，确认元圣周公墓地在咸阳周陵。

【关键词】元圣周公墓地，咸阳毕郢，毕在镐东南杜中，秦文王陵、秦武王陵在咸阳北黄家寨，周陵在咸阳毕郢。

考证元圣周公墓地是深度解读元圣周公的一个不应回避的重要问题。元圣周公墓地之争由来已久，历代多有考证，至今尚未定论。

多年来，为考证元圣周公墓地究竟在哪里，我翻阅大量古籍，多次到陕西西安、咸阳、岐山等地考察，排除了周公墓地在镐东南杜中之说，并寻找到秦文王陵、秦武王陵的具体位置，确认元圣周公墓地就在咸阳市渭城区周陵，与周文王陵、周武王陵和姜子牙墓、鲁公伯勤墓等陵墓均相距不远。因周陵的存在而设立周陵镇，周陵镇现为周陵街道办事处。

（一）元圣周公墓地之争由来已久

《尚书·大传》曰："故忠孝之道盛在成王、周公之间，盖以为周公不敢离成王者，忠也；成王不敢臣周公者，孝也……"清代牟庭《周公年表》也有同样的记载。

《史记·鲁周公世家》记载："周公在丰，病，将没，曰'必葬我成周，以明吾不敢离成王。'周公既卒，成王亦让，葬周公于毕，从文王，以明予小子不敢臣周公也。"

周公与周文王、周武王葬于毕地，此说法无疑义。但陕西不止一个地方叫"毕"。

圣元周公墓地的所在争议已久。汉唐以来，就有周公墓地在咸阳毕郢和镐东南杜中等不同说法。中华人民共和国成立以来，考古学者一直致力于寻找包括周公墓地在内的西周王陵，但70多年来没有结果。

2007年，考古人员对周陵陵园进行全面勘探，周陵被考古专家推测为"秦悼武王或者秦惠文王"的墓。近几年，随着岐山周公庙附近的考古发掘，在岐山周公庙发现四墓道大型西周墓葬群的消息震惊了考古界，也引起广大读者的广泛关注。按照目前的普通说法，西周时期四墓道的大墓应该是王陵。周公庙四周大型墓葬群是不是周公家族墓地呢？众说纷纭。

河北邯郸蒋鸿林则先生介绍：《蒋氏茗苓宗谱·卷四》载：唐文部侍郎蒋洌撰《蒋氏大宗碑记》注曰："周公墓在陕西，从文王，历挺三朝，返迁成周郊河南府偃师县西北三里。"

毕地究竟在哪里？周公的墓究竟在哪里？亟须继续考证。

（二）元圣周公墓地之争的两个原因和焦点

元圣周公墓地之争的两个原因和焦点：一是元圣周公墓地究竟在陕西哪个"毕地"，二是元圣周公墓地所在的周陵是不是秦王陵。

首先看看陕西有几个"毕地"？

一是在西安南边说。这种记载有：

《史记·周本纪》记载："周公葬于毕，毕在镐京东南杜中。"

《帝王世纪》记载："文王葬于毕，毕在杜南。《尚书·亳姑序》正义。"

二是在西安北边的咸阳说。这种记载有：

《孟子·离娄下·第十一章》有载："文王生于岐周，卒于毕郢（古与程通，或字误）。"这是最早的记载，应该有较高的可信度。今周陵在咸阳市渭城区，正是毕郢故区。

笔者搜集到的 30 多部姬姓家谱，均从元圣周公续起，都这样记载：元圣周公墓在咸阳周陵，与周文王陵、周武王陵相距不远，而且附有与现存周陵之诸陵墓相符的位置图示。如：创修于隋文帝开皇九年（589）的陕西户县《姬宗世谱录》，被 1994 年4 月 11 日《中国文物报》称为"天下第一谱"，该谱记载："周公墓在咸阳县北二十里，古名毕郢……从文王……伯禽封鲁就国，卒后亦返葬于毕郢，从周公，在公陵后有享殿三楹、围墙、茔门、柏林。咸阳县春、秋禋祀。墓碑系明嘉靖年巡按陕西监察御史张公刻石……"今陕西咸阳市渭城区周陵属于"毕"的范围，元圣周公之墓与周文王陵、周武王陵相距不远，墓前有"元圣周公之墓"石碑，3 座陵墓碑石均为清乾隆年间陕西巡抚毕沅手书。

秦文王陵、秦武王陵究竟在哪里？

《史记·秦始皇本纪》记载："秦惠文王陵在雍州，咸阳西北一十四里。"唐朝大型地理著作《括地志》记载："秦悼武王陵在雍州咸阳西十五里，俗名周武王陵，非也。"

周陵有兴有废，唐宋以来，误以周文王陵、周武王陵为秦文王、秦武墓，纷争至今，没有结论。

宋联奎署检《长安志图》卷二十二在记述秦先王诸陵时写道："（秦）惠文王始都咸阳，葬公陵，悼武王葬永陵"，并引《皇览》曰："秦武冢在扶风安陵西北毕陌大冢是也。人以为周文王冢，非也。周文王冢在杜中，今按咸阳图，毕有周文王冢，以是考之，则是秦武王冢矣。"否定了周文王冢在渭北毕塬一说。

唐杜佑《通典》记载："毕在咸阳西北，初王季都之，后毕公高封焉。"《史记·鲁周公世家》记载："葬周公于毕从文王。地理著作《括地志》（又名《魏王泰坤元录》《贞观地记》《贞观地志》《魏王地记》《括地象》），是记述唐贞观年间疆域政区的地理书，曰：'周公墓在雍州咸阳北三十里毕原上。'"南宋郑樵著纪传体中国通史《通志》详解道："毕原，即毕郢，又名毕陌、池阳原、咸阳原，文王、武王、周公皆葬于此。"

《清一统志》记载："周公墓在咸阳县北一十五里。"

关于秦文王陵、秦武王陵位置也多有记载。《咸阳县志》《重修咸阳县志》都记载得非常具体：秦文王陵、秦武王陵"在县北十里黄家寨东北，秦称永陵。""今黄家寨村北有3座墓冢，在渭惠渠南约300米处，东西排列。由西向东，1号冢在南北向生产路北段，封土仅存北半部，高3.5米，2、3号冢位于村东北，2号冢在1号冢东南16米处，已被平掉耕种，残高3米，南北长14米，东西宽12米。3号冢位于2号偏东北16米，方锥形，高8米，南北长27米，东西宽34米。"据此，秦文王陵、秦武王陵距离周陵都很近，相距只有几里路。这可能就是把周陵误认为秦文王陵、秦武王陵的根本原因吧。

中华民国二十三年（1934）编印、国民政府主席林森署签，国民政府委员、考试院长戴季陶（戴传贤）作序的十卷本《周陵志》应该是很权威的，该书引用大量古籍记载多方论证，下结论说："文武陵不在镐之杜中益明矣。""周代四王二公诸陵墓，均在咸阳北之毕原，距县治约十五里。""周陵在咸阳之北，偏东，西经七度四十六分以内（以北平观察台子午线为标准），北纬三十四度二十分强。相距咸阳十八里。""用磁石鍼定其方向，则文武（陵）尚系西北东南向。太公、周公（墓）亦微偏西北东南。今以文陵微基点，文陵在陵照村微东北。城王陵在文武陵西南约三里许。康王陵在文陵东南约四里。太公墓在文陵东半里。周公墓在文陵微东北约四里。均以九嵕山微来龙，背北面南。"

（三）元圣周公墓地在周陵当无疑

确认秦文王陵、秦武王陵的位置以后，元圣周公墓地的位置问题就迎刃而解了。

关于元圣周公墓地在周陵的记载很多，比如：

《前汉书·刘向传》曰："文武周公葬于毕。（颜）师古曰：'毕陌在长安北四十里……今之毕原而非在杜中矣。'"并注云："周公薨，成王葬之于毕……似当在咸阳者为是。"

咸阳旧志、《周陵志》多处说道：周文王陵在陕西咸阳北十八里崔家村东里许，周公墓在咸阳北十五里贺家村，均在毕原，屡有兴废。

唐朝中期政治家、史学家、宰相杜佑在《通典·州郡·三雍州·咸阳》中记载："周文王葬毕，周公墓在西北。初王季都之，后毕公封之焉。今县东十五里，有故咸阳城，秦所都也。"

清代著名汉学家阎若璩在《四书·释地》中记载："宋太祖诏祭文王于咸阳县西北毕中之大冢。"当时必考之有据，方降此诏。

清代大臣、东阁大学士杨应琚在《据鞍录》中记载："往谒周诸陵，出（咸阳）县北门数里，即毕郢原也。行十五里，至文王陵，南向后倚嵯峨，前临渭水，面对终南气象万千。陵高四丈余，东西长21丈长，南北宽26丈，有前明洪武以后祭碑。然惟国朝列圣祭碑为多。武王陵在文陵后，相距只39丈，东西长15丈，南北如东西，增1丈。二陵古柏96株，如虬如蛇，文陵上生有4株，共百株。成王陵，距文王陵西南3里许，高5丈，南北长19丈，东西宽20丈，有古柏10株。康王陵，在文陵东南，相距4里许，东西长23丈，南北如东西长减2丈，有古柏12株。地势高于成陵，俯见渭水，二陵亦皆南向。文陵形方，武陵形圆，康陵形长，不似汉陵皆一律也。方形类鼎，圆形类钟，长形类卧圭，古人非有意而为，所谓不期然而然者。周公墓在文陵东3里许，高3丈。鲁公墓在周公墓后，有古柏25株，千余年物也，内枯3株，亦颇有致。周室开基800年，圣圣相承，至今毕原之上，祖孙父子兄弟，陵墓相望，如聚一堂，皆血食万载，樵牧自禁，可望极盛矣。成康陵侧，各有汉陵一座（左为景帝平帝陵，右为元帝陵），其高大如茂陵，无石可考，周围有垣基，童子牧羊于上，土人相传：‘昔年避乱筑墙暂居于此’云。”

古往今来，朝代更替，几乎每个朝代的帝王将相，都曾到周陵举行祭祀活动，立有很多石碑。清末藏书家傅增湘在《秦游日录》中记载：周文王陵“有碑，大字隶书，为乾隆时毕沅所立。谕祭碑存者，自明洪武四年（1371）起至清同治十二年（1873）止，林立七厔下，其古碑皆亡失，享殿五楹，左右两庑，差蔽风雨，此外门垣皆败圮不堪。”1956年8月6日，陕西省人民政府将周陵公布为第一批省级文物保护单位。

综上所述，当可确认：元圣周公墓地在周陵无疑。但笔者学识不逮，乐意与专家学者继续商榷。

（作者：华夏姬姓文化研究会会长姬传东）

二、《毕塬与周陵》

【内容提要】周陵的意义已经超越了两座封土本有的文化意义，它已成为传统礼乐文化、祭祀文化、信仰文化等文化的依托，是百姓信仰的精神家园。从这个角度讲，无论学术界如何争议，"咸阳祭周"之传统民俗文化还会世世代代延续下去。

【关键词】毕塬 周陵 秦陵 咸阳祭周

咸阳原是在第四纪晚更新世早期（距今约 30—15 万年）盘踞在八百里秦川的"三门湖"干枯后，渭水逐步发育向东漫流所形成的渭北塬地。塬地的东端因泾水和渭水汇流使塬面形成三角形，状似天体二十八宿的"毕宿"。咸阳原东西长而南北短，西宽东窄，台面开阔平坦，中部高于南北两翼。石器时代就有先民在此繁衍生息。商代，这里是天宫吴回后裔的封地。公元前 1118 年，周师伐程，战于毕，被王季所灭，王季随都于此，称毕程。公元前 1082 年，周人自岐迁程，武王建镐前，"毕"为周人的宗庙所在地。周初，封文王十五子高于此，称毕国。后人称"毕郢"（郢通程），咸阳原也有"毕塬""毕郢塬""毕陌"之称，后又称"北板""五陵塬""石安塬"等。咸阳原土厚水深，塬面平坦，形似"毕宫"，据泾浮渭。北有九嵕嵯峨连绵的北山系，南有秦岭雄峙，东有华山其脉，西有岐山、杜阳山阻踞。周人定都沣镐后，这里既是"文王八卦"的"乾"位，又是泾渭二水形成之风水宝地（龙穴）。"咸阳原上埋皇上"是周人以开先河，后世皇家效法之。

从"易"的角度讲，咸阳原处于泾渭二水汇流相夹之间的三角洲地带，古人称其为"汭位"，风水中叫"水口"（即龙穴）。泾渭二水为朱雀玄武水，二龙交汇、名堂清秀、山环水抱，生气为形，秦岭九嵕成势，为龙脉。泾渭交汇形成的三角台塬又神奇的与天体二十八宿西方七宿的"毕宫"相像，故自西周起凡在西安咸阳区域建都之王朝都把帝陵选在咸阳原上。

周文王都于毕邑，伐崇建丰京。周武王盟八百诸侯伐纣之时，毕作为周人的宗庙所在地。在沣镐京建成之前，毕邑是周人东伐扩张、灭商立国的指挥中心。"六年，文王春祭于毕""文王生于岐，葬于毕""武王上祭于毕"。毕地在汉安陵邑，东距周陵10千米。

咸阳原北有嵯峨九宗连绵的北山系，南有秦岭雄峙，东有华山其脉，西有岐山、杜阳山等阻踞。《周易》中讲"山为龙脉水主为气"，咸阳塬山环水抱，远山为龙脉，水深土厚。周陵处于毕都上位，符合古人的"易"礼思想。继周陵之后，秦惠文王、悼武王的公陵和永陵也在咸阳原。西汉除文帝霸陵和宣帝杜陵分别在白鹿塬和杜东塬之外，其余九陵皆在咸阳原，东西一线排列，绵延百里。唐代20座帝陵，除昭宗葬河南渑池，哀宗葬山东菏泽外，其余18陵都分布在关中渭河以北（号称"唐十八陵"，李昺兴宁陵在咸阳原），只不过唐代帝王陵将咸阳塬的地理优势扩展到更大范围（陵墓分布跨过泾河）。

近年来，北周帝王陵也相继在咸阳原被找到，而这些后代的帝王陵呈半月形拱卫着周陵。大自然鬼斧神工地造就以秦岭、九嵕、泾水、渭水所形成的咸阳塬无处不显"易"的神秘和奥妙。西周王陵是按照天穴、地穴、人穴的布局定位，周公、太公等大臣处于左辅穴。后世各朝帝王陵都是遵循"周礼"按昭穆制处于周陵的挂穴。如一代女皇武则天认为武姓是文武王的正宗传人，她当政后改唐为周，追封周文王为始祖文皇帝、周武王为睿祖康皇帝，将其母的陵地选在周陵的"艮山挂穴"。这样，就在这自然的"易"之地增加了"礼"的内涵和文王八卦的精髓，使这块神奇的"易"地更加神秘。

学术界对周陵的归属争论不休，尤其是近年来将其定为秦陵（惠文王、悼武王）已成公论。但不论是无休止的生搬史料之辩还是不完善的调查推断，以及某些"人云亦云"之武断定论，都是对"周陵文化"的狭义理解。

（一）史料

1. "不封不树"之说。《周易》云："古之葬者，厚衣以新，葬之中野，不封不树。"孔颖达曰："不封不树者，不积土为坟，是为不封也。不种树以标其处，是为不树也。"此据是众学者否定周陵的重要依据。又据《云梦睡虎地秦简》记："何为旬人，守献公孝公冢者也"，以此断定自秦献公时始有封土。若以此为定论，那么《史记·周本纪》载"命闳夭封比干墓"作何解释？《正义》曰："封，谓益其土及画疆界。"《括地志》云："比干墓在卫州汲县北十里二百五十步。"其二《史记·孔子世家》记载："孔子葬鲁城北泗上"。《集解皇览》曰："孔子冢去城一里，冢茔百亩，冢南北广十步，东西十三步，高一丈二尺，冢茔中树以百数，皆异种。"孔子于春秋时鲁哀公十六年（前494）卒，献公孝公为战国时秦国君（前384—361年）。又怎么解释"不封不树"？其三，1993年我们在咸阳原上找到的北周武帝孝陵却异常的"不封不树"。《宋书·礼志二》对其原因和传承过程有系统的陈述，该书记载"建安十年，魏武帝以天下雕弊，下令不得不厚葬，又禁立碑"。到建安末，曹操作终令曰："古之葬者，必在瘠薄之地，其规西原上为寿陵，因高为基，不封不树。"曹丕在黄初三年（222）自作终制时，也要求"寿陵因山为体，无封无树，无立寝殿，造园邑，通神道"。后来西晋因循照做，"豫自于首阳山为土藏，不坟不树，作顾命终制，敛以时服，不设明器"。这种"不封不树"的薄葬做法，不仅影响到魏晋帝王，还被臣民广泛尊奉，成为一种自上而下普遍遵从的制度。魏晋墓葬"不封不树"除了有"天下雕弊"这方面的经济原因，更主要的还是惧怕被盗墓。曹丕总结"汉氏诸陵无不发掘"的原因就是"祸由乎厚葬封树"。

2. "毕"之地望。"葬周公于毕，从文王""武王上祭于毕"，西周王陵地在"毕"这是历代学者确认的，但"毕"之地的所在却争执不休，目前大家似乎认定"毕在滈东南杜中"。笔者不敢苟同。《古本竹书纪年》载："六年，周文王初礿于毕""毕西于丰三十里。"也就是说，六年（帝辛），文王初行春祭于毕，按周制"天子诸侯同宗庙之祭，春曰礿，夏曰禘，秋曰尝，冬曰烝。"天子之祭为特祭，其余三祭为合祭。前文已述过：杜在镐东南，毕程在丰西北，《史记》说文王"伐崇侯虎，而作沣邑。"《正义》解，"崇"在丰镐之间，又说文王"伐崇侯虎前，仍居城邑"。《国语·晋语八》注说："豕韦自商之末，改国于唐，周成王时灭唐而封其弟唐叔虞，迁唐于杜，谓之杜伯"。虽然杜国是在周成王灭唐之后形成的。可以推出杜是向镐靠近了一步。因"唐有乱，周公诛灭唐"。成王迁于杜是便于管理和监视。就是殷唐，周杜，汉杜县，唐毕原就是史公所指的毕地所在，那么从时间帝辛六年在那里行春祭。唐国也不可能有周人的宗庙。此时的周人宗庙只能建在文王和他的父亲所居的程邑。如果"毕在丰镐东南杜中"，那么"毕西于丰三十里"又如何解释？固"毕"在殷周时期，地在咸阳，不在杜中。《与西周王陵相关的几个问题》（《文博》2002年6期）指出，司马迁认为"毕在镐东南杜中"，他所指的"杜"可能是依据汉初杜县的位置来说的。这个推断不敢苟同，此句中的"杜"可能定为依杜伯国位置，不可能依杜县位置。太史公不可能在阐明"毕"地的关键语中用两个不相连朝代的地名来指地望，另《史记》中用国名、州名、县名表示国都。

（二）考证

1. 杨宽、王学理、阎文儒等学者的"不封不树"说和刘庆柱先生的"毕"地说前文已阐明，不再赘语。笔者实不能苟同。

2. 2007年陕西省考古研究院对周陵进行了全面的考古调查。结论是文武二陵在同一陵园内，同为"亚"字型墓，属帝王陵墓无疑。那么王学理先生之前提出的周陵是秦二王陵（惠文王悼武王）和之后更正的应是秦惠文王及其魏夫人墓的说法就难以成立了。其一，按惠文王和悼武王时期的国情，以秦人好大喜功的性格，又惠文王和悼武王是秦史上具有开拓性转折意义的国君，陵墓的营造也应是具有承前启后性的代表之作。"秦自惠文、武王皆作丘陇"，周陵一带地势开阔、平坦，并不受地理条件限制，应按此时已有的"陵园制"营建。因而，秦二王陵之说有待再讨论。其二，秦惠王和后妃（魏夫人）合葬墓之说更需考辨。惠文后是在悼武王死后因"诸弟争立"被株连"不得良死"的。昭王念其生父之妻，没有"抛尸荒野，留情而合葬与公陵"。但若按"亚"字形墓的高规格安葬一位内乱株连的后妃，恐怕不合理制。

（三）考古调查

2008年2月28日，陕西省考古研究院院长焦南峰在全省2007年考古成果新闻发布会上说，经过考古发掘初步判断，所谓的"周陵"既非周王陵，亦非西汉墓，应为战国时期某代的秦王陵墓。此结果没有明确是哪位秦王也未说明是某位秦王和后妃之陵。笔者疑问的是，其一，秦二王陵怎么葬于同一个陵园？秦人在这时已由"公墓制"进入"陵园制"了。其二，如果为秦二王陵或是秦王和王妃合葬墓，那么在陵园内西北角和东北角发现的168座战国时期的平民墓怎么解释？平民作为陪葬进入帝王陵园之内且自己还有陪葬器物，这种礼制是当时的普遍性还是独特性还有待于进一步考证。其三，陵园外正东几个有封土陪葬墓（太公墓、周公墓、鲁公墓、毕公墓）又怎么解释？

（四）标识

1.《中国历史地图集·古代部分》1955年版，"毕"在咸阳。

2. 1956年8月6日陕西省人民政府公布周陵为重点文物保护单位。时代注为传为周文王周武王陵。

3.《中国文物地图集·陕西分册》1998年版，标为周陵。文字部分注说应为秦陵。

4.《咸阳市文物志》2008年版，标为周陵。并注说当代学者认为是秦陵。附表二《陕西省重点文物保护单位》栏里没有周陵。

5.《渭城文物志》2008年版，将周陵列为传说和有记载的陵墓。本志大量收录了周陵的文献和图片；周陵历代修葺表、明清祭周陵碑碣表、周陵旧貌、周陵碑石、周陵碑廊、周陵牌楼、周陵前殿、今日周陵、祭周陵碑拓。文字部分还专有"历代祭周陵"。但在表四《陕西省公布的名胜古迹》中将周陵直接录列到秦代陵墓条目中，标为秦公陵、永陵，埋葬者是惠文王嬴驷和悼武王嬴荡，在备注栏注传说为周文王陵、周武王陵。附录大事记，1956年8月6日陕西省人民政府公布的第一批重点文物保护单位中没有了周陵。

6.《渭城区志》1988年版，标为秦公陵和永陵。同样记述了周陵的祭祀碑石和古建。

7.《咸阳地名志》1987年版，地图和文字都标为秦公陵和永陵。

8.《陕西省帝陵档案》2010年版，介绍了专家观点，但还是把周陵放在西周条目下作周文王、周武王陵介绍。

9. 周陵的文陵前有咸阳市人民政府所立的陕西省第一批重点文物保护单位标志碑，名称是周陵，时代是周。既然学者已盖棺定论，政府为何知错不改？

10. 咸阳市、渭城区各类志书的大事记和近年来印发的名胜古迹旅游宣传册里，少不了记述康有为、蒋介石、张学良、杨虎、关麟征、郭沫若、戴相龙、舒同等名人来周陵之事。

11.1934年，《周陵志》修成并印刷出版。林森题名，主编宋伯鲁，戴季陶作序，为中国第一部陵墓志。

12.《中国历史地图集·古代部分·周代图》1955年版，"毕"在咸阳不在镐东南。

归纳以上洞之，本地儒生和丛书较外界及国家级学者大胆武断。

（五）周陵文化之个人观点

有关周陵的归属问题，学术界争论不休几百年，但有两点没有变，一是官方对姬姓后裔的封爵自西汉武帝元鼎四年（前113）至中华民国不断。二是自北魏至今，国人每年春秋之际祭祀周陵，这个传统文化千年未变，这是国人精神的寄托，是民族灵魂的凝聚。和这种一脉相承，永不止息的文化精神相比较，学术界对周陵陵墓主属问题的争论就显得苍白无力了。周陵所载的文化精神，所产生的效应已远远超过了其陵墓本身，"咸阳祭周"是近2000年中华祭祀文化一成不变之主流。

《周易》是中华民族灿烂的文化瑰宝。古人用它来预测未来，决策国家大事，反映当前现象，上测天，下测地，中测人事。单就一种文化，在悠久的历史长河中，我们这个民族之所以能历众劫而不覆，多逢畏难而不倾，独能遇衰而复振，不断地发展壮大，根源一脉相传到今，是与我们这个民族对"易"道精神的时代把握息息相关的。人们用《周易》解读生活和劳动以及自然界中的相生相克、和谐发展，与时俱进的道理，以调整健康进步。在"简易"、"不易"和"变易"中寻求生存观、发展观、和谐观。周陵问礼、周陵寻易、问祖寻根、祭祀圣贤，没有周陵就没有了依托。

中华的文化结构具有民族性的性格，从而决定了我们这个民族的思想精神和文明的传承。从伏羲到三皇五帝，再经西周、东周、春秋战国，以"易"学为起源，形成了百家争鸣之局面。以老、庄为代表的道家，以孔、孟为代表的儒家，以孙武、孙膑为代表的兵家，以墨、翟为代表的墨家，以韩非为代表的法家，在他们的思想中无不体现辩证方法和"易"理之道。"穷则变，变则通，通则久。"

以周陵为圆点所形成的咸阳塬文化圈，秦陵与九嵕之和谐，塬上周、秦、汉、唐帝王将相陵墓分布之和谐，百姓生活、生产之和谐，"泾渭分明"之二水和谐汇流投入黄河，无不显示和谐兴盛之景象。咸阳塬文化遗产所带来的旅游业的兴起和发展，体现着我们政府和文物保护利用工作的与时俱进之指导思想，整合地域特色文化与国际文化相链接，把周陵打造成"礼""易"文化之名片和世界大文化相接轨，也是"易"文化之哲理的体现。也是在"变易"中求"不易"的定数。

（六）结束语

历史从这里匆匆走过，文化却永远凝聚在这里。周陵已不仅仅是两座陵墓，而是中华民族灿烂文化中"礼、易"文化的依托，是国人心中毋庸置疑之"礼仪之根"。笔者不赞成近几年许多专家为了当地经济利益，千方百计找文化资源，甚至不惜捏造历史。但对陕西的专家学者绞尽脑汁否定周陵之非同一般之勇气和直率也不敢赞许。

打造以周陵为中心的"咸阳塬文化经济特区"是目前和以后我们责无旁贷的责任。

（作者：周陵文物管理所所长　张俊辉）

三、《咸阳原与周陵》

咸阳原与位于原上的周文王陵、武王陵，以及西汉诸陵，以其在中国历史上的特殊地位和作用，成为中华文明的重要载体之一。它在留给我们优美的自然景观和人文景观的同时，也留下了历史聚讼纷纭的考证。本文拟对咸阳原和周陵的关系作一考述，希望这一考述能对弘扬民族文化有所裨益。

（一）咸阳原的来历与变迁

咸阳原在咸阳市区北部，是西起武功漆水河畔，东至泾渭交汇处，中间的黄土台原地区。东西长 32.7 千米，南北宽 13.5 千米，最窄处仅有 1.5 千米。总面积约 350 平方千米。

最早记载这块地方的典籍是《尚书·禹贡》。书中说渭水在此地"东汇于沣，又东北至于泾"。这里有宜于农耕的上等土地，但由于生产力落后，效益不高，赋税也很低。得天独厚的自然恩赐，使得这里成为华夏民族农耕文化的发源地之一。商代，这块地方就有了自己的名字，叫毕和程。

毕原，毕是自然地理试题的名称，指水旁的涯岸《尔雅·释地》说："大野曰平，广平曰原"。毕原是指水旁岸上的大片平地：咸阳原不管是南面临渭部分，抑或北面临泾部分，都有高达数米、数十米的黄土断崖，与毕原所要求的地貌特征完全相符，说明它是以自然地貌得名的黄土原。此外，毕不仅是一个地体名称，也是一个天体名称。我国古代二十八个星宿中的毕宿，是一个由八颗怪星组成的形星组。它的形状很像泾、渭二水汇流及夹于两水之间的毕原。中国古代的许多天体名称和地名有着互因关系：即有些星宿或天域以地名命名，也有些地体或地域以天名命名。同名之间，存在着某些必要的联系，如方位的联系、形状的联系及象征的联系等。毕宿是以形状与毕原相似取名的。除此之外，它们之间还有比形状更深刻的功能上的联系。古人赋予毕宿以主伐的功能。这种功能，也是源于毕原的。毕原东端的渭水，由于沣、

第五章　周陵学术著作

泾二水的注入，流量加大，流速加快，顺流直下，可直入黄河抵达中原。从军事地理上说，是一个进可速取，退可固守的战略要地。商代后期，以这里为居邑的周王季历、文王、武王，经过长期准备，一举消灭了殷纣王的野蛮统治，建立了我国历史上统治时间最长的周王朝。战国时期，秦人也踏着当年周人的足迹，在这里建立都城，经过孝、惠、武、昭、文、庄、始皇七代人的努力，终于结束了长达 450 年的分裂战乱局面，实现了国家的统一。作为两次社会大变革成功的地理因素，毕原是功不可没的。

毕原与毕宿的功能联系，还出现在汉唐人对《史记·周本纪》中武王伐纣前"上祭于毕"的注释中：一说"毕，文王墓地名"；另一说"毕，天星名。毕星主兵，故师出而祭毕星也"。从表面看，两个解释是风马牛不相及的，如果从源头考察，乃是对毕原和毕星内在联系的深刻揭示。

毕原在中国历史的长河中，曾有过两次大的延伸：一次是随着它的主人向渭水以南纵向延伸；一次是随着自己的脉络向西横向延伸。

西周初，武王将他的弟弟姬高封于毕，称毕公。康王时，毕公曾奉命制定对丰京加强管理的法规——《丰刑》（在此之前，主管京都的丰侯因沉湎于酒而被黜）。由此可见，毕公管辖的地方，在周康王时已经扩大到丰京周围，"毕"地的涵盖，也自然随着伸展到渭河以南。魏晋时，毕原被扩大到今武功、扶风等县的塬面，并以其走向特征，又名毕陌。晋人潘岳所著的《关中记》说："原南北数十里，东西二三百里，无山川坡胡，井深五十丈，亦谓之毕陌……汉氏诸陵，并在其上。"

毕原的两次延伸，使它具备了本义和广义两种含义。从本义上说，它指今之咸阳原；从广义上说，它指"今陕西咸阳西安附近渭河南北岸，境域很广"。

毕郢原。郢，在这里和程、裎同义。商代，帝喾时司天官吴回（重黎的弟弟。因重黎犯罪被诛而继承司天官的职位）的后代被封在毕原，国号为程。程的含义，可能与司天官的职业有关。因为斗转星移、春夏秋冬，都要观测畴标、计其行程，所以就以程为国名。又因程在毕地，人们就将其首领程毕程氏。商代后期，毕程氏对他的属下实行加官减禄的政策，致使这些人为了维持其奢侈生活，争相敛财害民。居住在周原（今岐山、扶风、武功一带）的周族首领季历，趁机出兵"伐程，站于毕，克之"，随后又营造程邑，迁居于程。在周文王迁都丰京以前，这里一直是季历和文王的居邑。据《吕氏春秋》记载，周武王伐纣王前的军事准备工作，也是在这里进行的。西周建国后，封在这里的有程伯史佚、程伯休甫等。他们都是重黎、吴回的后代，为周王朝担负着"世序天地"的任务。

由于毕和程同在一个原上，通常都把毕原称作毕郢原。在咸阳民间，毕郢原的名字更是世代流传、根深蒂固。

（二）周陵祭祀的源流

周文王和周武王，以他们继承和发展周族先祖后稷和公刘开创的农耕文化及翦灭残暴的商纣政权的功绩，使他们在中华文明史上，享有崇高的威望。3000多年以来，中华土地上的各族政权，无不对他们尊崇备至。文王、武王等人也就成了华夏子孙共同崇拜的偶像，各代人以祭祀方式表达对他们的敬仰和怀念之情。日久天长，祭祀方式也经历了由分散到集中，由庙祭到陵祭的演变。

庙祭。元鼎四年（前113），汉武帝在洛阳寻找周的后裔，找到一名叫姬嘉的人作为周室的继承人。赐给他土地30里，民3000户，封他为周子南君，世代在这里祭祀周人的祖先（地在今河南汝州市）。元帝初元五年（前44），姬嘉之孙姬延年进爵为承休候。此外，《汉书·地理志》和《汉书·郊祀志》记"湖有周天子祠二所""虢有黄帝子，周文武祠"。以上所记的两处周文王、武王祠，一在关中以西的虢，一在关中以东的虢。

东汉后期，在汉家陵阙衰落的同时，被曹丕所说"人以为"的周文王陵、武王陵却在民间被尊奉起来。此后，有了《魏书·地形志》所记的"石安县有周文王祠"。北魏时，长安的州牧和郡守常祀周文武庙。延兴四年（474）四月，魏孝文帝派东阳王拓跋丕在长安祭周文王和周武王庙，算是秦汉以后对周文王、周武王的最高规格的祭祀。唐贞观、显庆、天宝等年间，均祭周文王于丰，祭周武王于镐。宪宗元和七年（812），"束力周文王、武王祠宇，在咸阳者，宜令有司精加修饰（《文献通考》）。"

从以上记载可以看出，东汉以后，官方对周文王、周武王的祭祀，有的在渭北的咸阳，有的在渭南的长安；唐代中后期，也有了由渭南向渭北转移的趋势。

陵祭。咸阳原上的周文王陵、周武王陵，从发生祭祀到现在，已有约1800年的历史。它的发展历程，可分为两个大的阶段：第一阶段，由东汉末到五代末，即公元220—960年。这700多年里，是"俗名"阶段。在此阶段内发生的祭祀活动，是民间的祭祀活动。但在一定条件下，也不排除官祭的可能。第二阶段，由北宋初开始，是官方在咸阳祭祀周陵的阶段。宋开宝六年（973）创立的《大宋新修周武王庙碑》（此碑现存于咸阳市博物馆）记载："我皇所以览虎观之史籍，披职方之图志，丰邑故地，得其旧陵。因命守臣，躬往省视；乃曰陵寝如故，而荒榛之路弗禁于樵探；庙宇甚陋，而牲牢之奠无闻于俎馔……"该馆还存有同年刻立的《大宋新修周康网庙碑》一通。宋王朝决定对周文王陵、周武王陵"各置守陵五户，岁春秋祠以太牢"（《宋史·礼八》）。金代，在京兆府（未著祥址）对周文王、周武王三年一祭。《元史》无周陵祭祀之记，官祭只有河南汤阴故久里城（周文王被殷纣王囚禁之处）的周文王祠和陕西岐山的周公庙。明洪武三年（1370），朱元璋派人勘察咸阳的周文王、周武王、周成王、周康王以及汉高祖、汉景帝、汉武帝等陵。发现诸陵的陵寝被盗发者掩埋好，陵丘被破坏者填补好，陵庙拆损者修葺好。每陵设陵户五人守视，每三年，朝廷出祝文、香帛，传制遣太常寺乐舞生及有司前往陵前致祭。陵庙所在地的官司，"以春秋仲月上旬（即夏历二月和八月的前十天），择日致祭"。

清代至中华民国，在明代祭祀制度的基础上，扩大了祭祀范围：由周文王、周武王、周成王、周康王四王扩大至周公、太公、毕公等王公陵墓。其次，因咸阳境内陵墓太多，祭祀任务由附近各县分担。其中周文王、周武王陵和周公、太公墓由咸阳分祭；成王陵由周至分祭；康王陵由户县分祭。

周陵的陵园，在明、清多次重修的基础上，经过1929年、1934年两次大维修和扩充之后，柏林环绕，殿屋辉映，在郊原营造了可与山东孔林相匹的、被称为"咸阳祭周，曲阜祭孔"的祭祀和游览胜地。

（三）对毕原和周陵的不同论定

历史上关于毕原和周陵的各种论定，大都来源于对《竹书纪年》《周书》中关于"文王初杓于毕""武王上祭于毕""文、武、周公葬于毕"以及《史记》《汉书》等有关记载的注疏之中。其中除唐司马贞说毕是天星之名外，其余均把毕作为文王、武王、周公的墓地对待。他们的论点，归纳起来，有以下五种：（一）模糊论；（二）一端论；（三）兼收论；（四）异同论；（五）向背论。兹分述如下：

模糊论。此论对毕原没有明确的指向。它首先出现于东汉学者赵岐对《孟子》"文王生于岐周，卒于毕郢"的注释中，说"毕，文王墓，近于丰镐之地"这里所说的"近"，没有具体长度，无法界定，我们姑以丰镐遗址为基点，以半径20千米为"近"，那么，咸阳的周陵和长安的杜城均居其缘；如以10千米为"近"，它们又都在界外。赵岐是东汉长陵人，他的家就在"近于丰镐之地"住着。他对长安周围的风土人情了解得比较透彻，而且在此基础上撰写了《三辅决录》这部历史名作。他对毕原的模糊表述只能说明当时人们对文王墓地只知其略，不知其详的状况。比赵岐更模糊的，还有后来的南阳人李奇。他说文王墓地之毕"在岐州之间"（汉至魏晋时无岐州建制，且岐为一个地名，用"之间"一词不妥。似应改为"岐丰之间"），地域比赵岐说的范围更大。东汉还有一位著名学者马融，他对毕地只说了"文王墓地也"几个字，没有说方位。这也好，与其指向不明，倒不如不说为佳，免得为后人留下谬传。

一端论。此论对毕原和周陵的位置各执一端之词。一执渭南长安之端，一执渭北咸阳之端。渭南长安（包括今西安市区和户县的一部分）之毕，又有三个地方，可谓一毕三地。一是杜中之毕，地在今西安市区西南，（属雁塔区）及附近的长安县地。执此论者，有《史记·周本记》赞词："所谓周公葬于毕，毕在镐东南杜中。"有曹丕所编的《皇览》："文王、武王、周公冢皆在京兆长安镐聚东杜中也。"有晋代皇甫谧编的《帝王世纪》："文武葬于毕，毕在杜南。"二是丰西之毕。执此论者有《汲郡古文》中说："毕西于丰三十里。"地是今户县境内。三是终南山道名之毕。此论源于西汉毛亨和东汉郑玄对《诗经·国风·终南》中"终南何有，有纪有堂"的注释。毛亨说："'纪'为'基'；'堂'，毕道平如堂之意"。郑玄说："毕，终南山之道名，边如堂之墙然"。唐宋时的一些地理书，也把这个毕作为文王、武王、周公的墓地。渭北咸阳之毕。执其论者有《史记·魏世家》集解引晋代杜预注："毕在长安县西北。"因为晋时长安境，包括今咸阳市渭城区及秦都区的一部分，长安的治所，在汉长安城内，所以，长安西北，就指今咸阳市区。其次，是唐初注《汉书》的颜师古，他说文王、武王、周公的墓地在"长安西北四十里"。颜师古所说的长安是汉长安废城南的隋唐新城，其西北直线四十里恰到今咸阳市渭城区周陵乡所在地。

兼收论。此论对各执一端之词，采取兼收并蓄的办法。其表现形式有三种：一是以渭南为主，兼收渭北；二是两端并列，半斤八两；三是以渭北为主，兼收渭南。以渭南为主兼收渭北者有唐初李泰组织编写的《括地志》：周文王、武王墓"在雍州万年

第五章　周陵学术著作

117

县西南二十八里毕原上"。其地离《皇览》所说的杜中不远。又说"周公墓在雍州咸阳北三十里毕原上"。其次，有唐中期李吉甫编写的《元和郡县图志》。该志在万年县条下记"毕原，在县西南二十八里……《书序》云：'周公薨，成王葬于毕'是也"。在咸阳县条下记"周公墓，在县北十三里"。两部志书的差异是：一说周文王、周武王墓在渭南，周公墓在渭北；另一不提周文王、周武王，只提周公，渭南渭北皆有墓：两端并列者，以宋代程大昌所写的《雍录》最为典型。他在《雩杜》篇中说"文王周公皆葬于毕。毕，镐东之杜县也"。在《毕郢》篇中说"惟王季宅于程。程在安陵北，或者以程为郢"。周公墓地"近文王之墓，墓在毕业。以事揣之，文王之卒在毕，故墓亦在毕也。毕郢连称，必是同在一地"。这样，就将周文王、周武王、周公的墓地平摊于渭南渭北两地。以渭北为主兼收渭南者，有宋代乐史编的《太平寰宇记》、宋敏求编的《长安志》以及清初顾祖禹编的《读史方舆纪要》等书。《太平寰宇记》在咸阳县条下，记了毕，又记了程，列举了文王、武王、成王、康王及太公，周公墓的具体位置。而在万年县条下，只记了"……毕，终南山之道名，成王葬周公于毕是也"。在《长安志》中，连终南山道名中的周公葬地，也被搬到了咸阳。万年县条下，只剩下"毕原在县西南二十八里"几个字了。在《读史方舆纪要》中，剩下的字也被搬到咸阳县条下，作为咸阳毕原的附注。

以上记载和论述，大体反映了周文王、周武王和周公墓地的演化过程。

异同论。此论认为两个毕原，名同而实异。明清以来，许多历史学家，试图将咸阳之毕定为毕公高的毕国，将长安之毕定为文王、武王、周公的墓地。其根据是：杜预所注地在咸阳之毕是对毕公高的封地而言；《皇览》所注长安之毕，是对文王、武王、周公葬地而言；因此，应该从地理内涵上把它们区别开来。

诚然，要使两个毕原不同含义的论点成立，最重要的前提就是要否定咸阳原上被认为是文王、武王、周公陵冢的存在。因此，《皇览》说："秦武王冢在安陵县西北，毕陌中大冢是也。人以为周文王冢，非也。周文王冢在杜中。"《括地志》也说："秦惠文王陵在雍州咸阳县西北一十四里。""秦悼武王陵在雍州咸阳县西十里，俗名周武王陵，非也。"对于《括地志》和《元和郡县图志》中出现在咸阳的周公墓，清代学者张驹贤认为这是后者沿袭前者的"误记"，应该去掉。这样一来，文王、武王、周公的墓冢，被用不同方式从咸阳排除。此论在一定程度上，理顺了历史上对毕原和周陵记载上的矛盾关系，很快就被许多人所接受，甚至为《辞海》所采用。

向背论。此论是论者自己对渭北的周陵由绝对否定变为绝对肯定，由一个极端走向另一个极端。向背论的代表人物，要数清代的毕沅了。他在校正《吕氏春秋·蕃应览·具备》中说"案孟子云王卒于毕郢，文王墓在今西安府咸宁县（即唐代的万年县）"；在校订《长安志》万年县条时批评该志作者说"敏求于此县不载文武周公墓，今人竟以渭北之秦文武冢当之矣"；在咸阳县条下批评说"元和郡县载两毕原极明……是以长安西南之毕为文武周公毕国……惟敏求据师古之说，引文武周公葬毕之事，以为在此"。还主张把颜师古注文里的长安"西北"改为"西南"。以上文字，

第五章 周陵学术著作

可证他对渭北周陵的否定立场。时隔不久，在他主持编写的《关中圣图志》中，却大变初衷："毕原在咸阳县北……文王、武王、周公，皆葬于此。"在案语中还说："颜师古曰毕陌在长安西北四十里……当以小颜为是。"对渭北周陵，由否定转为肯定。在否定长安周文王、武王葬地的同时，连那里的毕原也予以否定。对大清一统志将毕原专属咸阳的做法，他也以"推地以人重之例，体制洵为允合"而"遵用"了。不仅如此，毕沅还给咸阳的周文王、武王、成王、康王，周公、太公等陵墓亲书了石碑。为了提高对周陵的祭祀规格，他于乾隆四十三年（1778）奏请朝廷添设翰林院五经博士一员，赐给姬姓子孙，使其"永奉陵祀"。

对这位清代大学者在周陵勘定上的异常表现，民国时陕西通志馆编导吴廷锡解释为"实由使车屡历陕右，得之目见耳闻者益深，故遂大变前说耳"。道出了毕沅对周陵看法的转变，乃是从书斋走向实践的结果。不管怎样，咸阳人怀念毕沅的，不是校订古籍的语言，而是他为周陵所做的实际奉献。

（四）结论

正确对待历史争议，保护周陵文化资源，首先要解决好关于周陵的争议问题。我们认为最好的办法是从位置论的圈子里跳出来，应在统一"一个认识"，正视"两个现实"的原则下，使各方面的工作都能在相互协调中进行。

所谓统一"一个认识"，就是把人们的认识统一在西周初期"俭葬"制度的前提之下。当时埋葬的主要形制是："藏之中野""不封不树"，目的是"欲人之弗得见也"（《礼记·檀弓》）。《汉书·刘向传》说："黄帝葬于桥山，尧葬济阴，丘垄皆小，葬具甚微。

舜葬苍悟……禹葬会稽……文武周公葬于毕……皆无丘垅之处。此圣帝、明王、贤君、智士远览独虑无穷之计也，其贤臣孝子亦承命顺意而薄葬之。"这种制度对我们今天来说，也是一份值得继承的宝贵遗产。周文王、周武王的墓地，既没有后来帝王死后所拥有的高大陵冢、寝园建筑，也没有随葬墓志、司马道碑刻和高贵陪葬器物。唯其如此，以致西汉著名学者刘向，东汉最熟悉三辅风土人情的赵岐、马融等都不能洞悉它的具体位置。在这之后，被《皇览》等所述的"文王、武王、周公冢"，更属传闻之说。本来无陵冢，何必以陵冢辨之。由此可见，不管是渭北之陵，抑或渭南之冢，均与周文王、周武王、周公墓地无涉。因此，或许宽泛的表述比具体的指向更真实一些。

所谓正视"两个现实"，一是正视周陵存在的现实，二是正视人文资源的现实。

古人对在历史上有过较大贡献、死后又没有留下陵冢的华夏先祖：炎黄尧舜、禹汤文武等，在他们生卒或建功立业的地方，或指山为陵，或推土为冢，或积木瓦为庙，定期纪念，以求将本民族的文化继承下来（绳其祖武），再传递下去（贻厥孙谋）。咸阳原上的周陵，不管是汉代人自己堆起的丘冢或是他们以前代丘冢指代，都是人们纪念周文王、周武王的一种象征。它的地址，一是在周王季、文王宅居之地；二是毕原的地域之内；三是此地为沣镐附近黄土覆盖最厚的地方，理想的帝王墓地。以上三点，既是周陵在历代毁誉声中长期存在的基本保证，又是宋初被作为国家祭祀单位的主要依据。自宋乾德初年（963）赵匡胤祭陵诏书发布至今，已逾千载。这里遗存着大量文物古迹和名人足迹，仅历代碑石就有 40 余通，且文字清晰，保护完好，文化积淀相当深厚。所以，我们一定要正视周陵存在的现实和人文资源丰厚的现实，让其在弘扬民族文化方面发挥应有的作用。保护好陵区留存至今的历史遗迹，是今人责无旁贷的义务。

（《咸阳日报》2008—0331 作者：沈广睿 孟利明 张鸿杰 司少华）

四、《走访关中帝王陵——周武王陵》

传说中的周文王和周武王的陵墓在现在陕西省咸阳市的原坂上。周文王姬昌，曾被纣王封为西伯侯，在位期间，图志改革，国势强盛。周武王姬发是文王之子，继承父王灭商的事业，建立了西周王朝。相传周文王周武王的陵相毗邻，形状类似山丘。陵上草木丛生，陵园周围绿野烘托。陵的前面有一通石碑，是清乾隆年间陕西巡抚毕沅所立。祭殿里保存的历史碑石，大多为祭告之文。

"南方才子北方将，陕西黄土埋皇上"。虽然对此民间谚语存在争议，但它却反映了陕西帝王陵之多。有关资料显示，关中帝王陵有七八十座，一个省份保存有这么多帝王陵在全国独一无二，在世界上也属罕见，为海内外所关注。原陕西省省长赵正永说，陕西帝王陵是陕西的文化名片之一。这些帝陵以其直观、形象、感染力强的特点，向公众传播自然、历史、考古、艺术、科技和综合人文信息。为贯彻《中共中央关于深化文化体制改革推动社会主义文化大发展大繁荣若干重大问题的决定》，丰富人民群众精神文化生活，弘扬中华文化，增强中华文化国际影响力，响应陕西省委加快建设文化强省的号召，现将关中帝王陵及其周边相关文化作一次展示。

（一）周陵发现周武王弟后裔

"你到费家村，那里姓姬的人说周文王是他先人。你去问姬瑞生的后人，人家啥都知道。"1月25日，正月初三，记者在周陵西边的渭城区周陵街道崔家村采访时，69岁的邢建章向记者建议。

费家村在崔家村北边，东距传说的周武王陵约五六百米。在周陵附近竟然发现周武王的后裔，令记者惊喜，顾不得冰雪阻道，急忙进入费家村采访。

（二）"朝朝有人做官"

"姬家朝朝有人做官。我公公姬立发好像封的五经博士。"姬瑞生多年前已经去世，其老伴77岁的程玉琴告诉记者，姬瑞生是周武王弟弟周公姬旦82代后人，从周文王算是83代世孙。

十来年研究周陵文化的周陵文管所所长张俊辉经过查阅资料得知，西汉武帝元鼎四年，即公元前113年，周公36代孙姬嘉就被诏封为周子南君，俸禄相当列侯，为的是让其祭祀祖先。西晋武帝泰始二年，即公元266年，周公45代孙姬章被封嗣圣公。北魏道武帝天兴二年，即公元399年，周公48代孙姬邵被封永成侯。隋文帝开皇九年，即公元589年，诏拜周公52代孙姬勋为昭德侯。唐高祖武德二年，即公元619年，周公53代孙姬顺被封为周南公。清乾隆四十三年，即公元1778年，诏封周公77带孙姬肇勋世袭翰林院五经博士。肇勋卒，子守礼袭。守礼卒，子琏璧袭。琏璧卒，子柄袭。中华民国三年，即公元1914年，周公81代孙姬立发奉命为元圣奉祀官。

（三）"原有 10 顷'没粮地'"

姬姓人原籍及来到费家村的时间、目的，人们的说法不一。

"姬姓人住费家村是为了守周陵。"程玉琴告诉记者。

姬瑞生的儿子姬军看过一个河南姬姓人的家谱，说他们祖籍在山西，明洪武年间有兄弟二人，老大考了官，被皇帝调到周陵。老二后来因躲避灾难到了河南。

费家村 74 岁费珍德曾听长辈说，费姓人大约在清初来到这个村，因此这个村叫费家村。清政府后来考察周文王陵、周武王陵，认为既然这里有周文王陵、武王陵，周围就应该有姓姬的人，但在方圆十里内没有找到。凑巧有一天费家村来了位四川修鞋匠，自称姓姬。官员问他有啥根据。他说他家有周文王留下的家谱。官员让他把修鞋担子放到衙门，限 40 天时间回家把家谱拿来。修鞋匠果真把家谱背来，清政府拨给他周文王陵、武王陵和周成王、康王陵周围 10 顷"没粮地"，全部归姬家管，不收一分钱，不征一两粮。

"姬家人市从河南封到咸阳做官的。"张俊辉说，有关资料显示，东汉光武帝建武三年，即公元 27 年，封周公 40 代孙姬观为卫公，诏居咸阳，奉文、武、周公祠。由此可见，他们大约在东汉时来到这里，主要为祭周文王、武王和周公，但不是来守陵的，守陵另有他人。

本来姬家有家谱，可惜"文化大革命"期间丢失，很多东西无法说明。

程玉琴说，姬家原来在陵大圆的 10 顷"没粮地"，雇的人种，或租出去。公公姬立发把地卖了，那些地在民国时期被政府栽成树，还建起北原上第一个中学周陵中学。姬立发用卖地的钱在咸阳城里开了一家药铺，被掌柜的弄完了。她嫁到这里时，家里还租人家的地种。

"因我们家没有了地，中华人民共和国成立后成分为下中农，'文化大革命'中没有受到冲击。"姬军说。

"和其他老百姓不一样。"

"在咸阳祭周活动，有文献可查者上溯至北魏，直至中华民国，绵延上千年。"张俊辉说，祭祀形式有祠祭、庙祭、墓祭，有时庙墓并祭，从一年小祭，三年大祭到每年春秋两祭。每年清明和农历十月初一，来自四面八方的华夏儿女相聚在周陵，祭祖祈福，自古有"先祭周陵再祭黄帝""咸阳祭周，曲阜祭孔"之说。明代祭祀扩大到成王陵和康王陵。

费珍德对中华人民共和国成立后看到的场景记忆犹新：每次祭祀周陵时，姬立发戴礼帽穿蟒袍，走在队伍前面，其他官员跟在后面。

周陵街道陵照村79岁刘文德也记得，当年祭陵时，姬家代表抱着周王的牌子，坐在小殿门前台阶上，下面文武官员都给人家行礼。姬家虽然也是种庄稼的，但谁不害怕人家，和其他老百姓不一样。

"过去祭祀周陵有要求的，头不能仰起来，走路也不能甩手。"费珍德说。

当地有这样一个传说，清乾隆年间，有个朝廷官员奉诏来周陵祭祀，进了关中见当地条件落后，祭祀时大大咧咧，嘴里还嘟嘟囔囔说风凉话。结果当地绅士把此官员告到皇帝跟前，说他：

"甩手走御路，仰面笑君王。"结果此官员没有出潼关，就让割了头⋯⋯

也有传说是姬瑞生的曾祖父姬琏璧告的御状。

"姬立发有文采，中华人民共和国成立后咸阳县城每年过春节，请他下去写对子。"费德珍说，虽然姬立发没有任啥官，可政府封的大，和县长平级。他那时还小，有年收麦的时候费德珍的八大（叔）把陵里的树撞坏了，林警拉住就打，并往法院送。走到咸阳县城，被在县城开药铺的姬立发看到，上前说把人给他，他找县长去。结果到了县长跟前，县长把林警浪骂，让把人放了。

（四）"断臂遗风"

63岁的姬瑞生侄子姬洪海说，以前费家村姬姓人多，中华民国十八年，即1929年闹饥荒时，人都逃难走了，姬家只回来了弟兄3个，现在发展到十几户，有70人左右。

姬军家还保存两块床板大小的牌匾。一块在1965年做成门扇，受损严重，已难识匾上文字内容，可见"钦赐"两字，估计是清光绪皇帝所赐。另一块虽做成床板，但损失不大，上有4个篮球大的字"断臂遗风"。

程玉琴给记者讲了一个故事。说是清朝末年，姬琏璧去世早，其妻黄氏守寡。咸阳知县闻听姬家大名来拜访，黄氏严守当时风俗，拒绝见外人。衙役们为了不让知县难堪，强逼黄氏出来见知县。黄氏用刀剁下一个手指，让人用盘子端给知县看，表明自己不见人的决心。衙役们见此景只好如实转告知县，一帮人悻悻而归。此事被当时人相互传颂。后来，陕甘两省200多名绅士送了这块匾。"文化大革命"期间，他们才把这块匾取下来。

程玉琴说，家里原来还有一块"烈性成真"的小匾，也是送给黄氏老祖母的，十多年前外县一自称姓姬的人拿走挂到他们那里了。

（五）给过蒋介石一把"文王蒿"

"过去周文王陵有一片红秆蒿，传说拿过潼关就变成香的了。"刘文德对记者说，看护陵前大殿的李志茂每年清明前就把蒿割了，捆成一把一把的，缠上红纸，送给来祭祀的官员做纪念。官员们这个给他一百，那个给他二百，不行的也给几十，作为奖赏。

"周文王陵顶上生长的这种蒿叫文王蒿，到秋天枝干通红，清香四溢。"张俊辉说，传说周文王当年被殷纣王囚禁在羑里，就是用此蒿秆演绎八卦，将伏羲八卦演绎为文王八卦，因而文王蒿为文王陵顶独有，传说能辟邪。1934 年，蒋介石偕夫人宋美龄来周陵祭祀时，姬立发就给了蒋介石夫妇一把文王蒿。

记者上到周文王陵顶上，看到陵顶宽阔，长四五十米，宽三四十米，满眼黄色枯草，大概是过了季节之故，没有看到红秆的蒿。

（六）戴季陶复制了家谱

关于姬家那份遗失的家谱，费珍德见过两次。他小时候时，姬立发在院里晒家谱。他和姬立发侄孙姬嘉祥要拿家谱玩，姬立发忙说不敢动。20 世纪 60 年代社教时，费珍德为村四清组成员。1966 年红卫兵搜家从姬瑞生大哥姬国恩家把家谱拿走，在四清组箱子里放了两天。姬家家谱跟折子一样，只登记每一代的长子。最后一代记的是姬嘉祥。改革开放后，听有人说周陵是假的。姬瑞生想看家谱是怎么记得，但把亲戚问遍也没有找到。

程玉琴说，曾担任中华民国政府考试院院长的戴季陶自称是周公的后人，中华人民共和国成立前来复制了一份姬氏家谱。老伴姬瑞生生前说他上周陵中学时，曾见父亲取出来家谱晾晒，上有周文王、武王等的图像。

改革开放后，拜谒周陵的海内外人士增多，特别是 2002 年恢复了周陵公祭活动以后，不断有人拜访姬氏家族。

姬军说，有一年河南姬姓人还带着家谱来对。

由于找不到老家谱，姬家人也没有信心重新编家谱。

（七）专家考证

让人纠结的周武王陵

提起周朝开国君主周武王的陵墓，记者立即想到了曾经去过的渭城区周陵。翻开一些介绍帝王陵的书，也将周武王陵定位在周陵，但一接触专家，他们则说，这是讹传。

"不是周陵已是定论。"

"咸阳北原周陵里肯定没有周武王陵。"陕西省考古研究院研究员王学理告诉记者，战国之前，君主埋葬时"不封不树"，其意就是墓地不封土堆，不种树木。而周陵有高大的坟丘，称其为西周君王的陵墓，显系讹传。他认为周陵里所谓的周文王和周武王陵，应为秦惠文王和皇后的合葬陵。

根据陕西省文物局和西安文物保护修复中心编辑的《陕西省帝陵档案》，所传的周武王陵封土呈圆丘形，底径 66 ~ 68 米，高 17.7 米，陵顶海拔 495 米。

"咸阳以北毕原上坟丘很高的所谓'周王陵'，是出于后人的张冠李戴。"复旦大学历史系教授杨宽生前就指出，从文献记载，结合考古资料来看，中原地区最初墓葬没有坟丘。中原地区坟丘式墓葬开始于春秋晚期，普遍推行在战国时代。

"光一有封土，就说明周陵的时代已经晚于西周。"咸阳市文物考古研究所所长岳起说。

中国社会科学院考古研究所学术委员会主任刘庆柱和中国社会科学院考古研究员李毓芳认为，周陵的周文王陵实为秦惠文王陵，周武王陵为秦悼武王陵。他们在 2000 年初的《帝陵史话》中还认为，周陵附近传说的周成王陵应为汉孝平王皇后陵，周康王陵应为汉孝元皇后陵，周共王陵应为汉成帝妃子班婕妤陵。

"唐代已经辨证。"

"多年来，人们把秦陵误传为周文王、周武王陵，几经订正，又几经讹传，后汉人误，三国人订正；晋人误，南北朝订正；唐人再订，宋人再误。"王学理说，说周陵不是西周陵，是有历史文献记载的，唐代学者已经做过辨证。

《汉书·楚元王传附刘向传》提到："文（周文王）、武（周武王）、周公葬于毕……皆无丘垄之处。"

东汉崔实《政论》称："古者庙墓而不坟，文、武之兆（墓地），与平地齐。"

三国《皇览》（《史记·秦本纪》集解引）说："秦武王冢在扶风安陵县西北毕陌中大冢是也，一以为周文王冢，非也。"

唐《括地志》（《史记·秦始皇本纪》正义引）也说："秦武悼王陵在雍州咸阳西十里，俗名周武王陵，非也。"

《皇清经解》引清代学者孙星衍《毕陌毕原考》称："毕陌在渭水北，秦文王、武王所葬，即今咸阳之陵，先诸书甚明，其误自宋人始。"

中华人民共和国成立后，北京大学阎文儒教授考证后著文称

"周陵实秦陵也"。

"考古钻探找到证据。"

"中国墓葬形制有一定规律，一个时期有一个时期特点。"岳起说，过去人们说周陵不是西周王陵，但拿不出证据。咸阳市文物考古研究所 2001 年通过钻探，探明了传说的周文王和周武王陵、周共王陵墓道的数量和形制。初步判断其为战国时期。2003 年，咸阳市修建通往机场的迎宾大道时，在周陵西边发现了一道南北向壕沟。他们发掘后认为这可能属于周陵的西围沟。2004 年，他们通过钻探发现周文王和武王陵有一个统一的长方形围沟，在周共王陵也发现了围沟。这是春秋战国时期秦王陵的一个典型特征和流行做法。在周共王陵周围还发现瓦片多以饰细绳纹的秦瓦为主。最近几年咸阳市文物考古研究所和陕西省考古研究院在周陵围沟内钻探出 200 多个小的陪葬墓，钻孔里带出一个铜镦，即兵器柄套，是错银的。错银工艺流行于战国晚期。

"周陵完全可以确定是战国秦陵，但至于是谁的陵，说法不一，都是推论。"岳起认为，传说的周文王和周武王陵是秦悼武王及其夫人的永陵，而传说的周共王陵，为秦惠文王及其夫人的公陵。

"后代会否为前代陵封土。"

西周时期中原地区"不封不树"，那么后代会否为了祭祀西周帝王按自己的爱好起封土？

"周陵的封土不可能是后代加的，做那么大封土，劳民伤财，不会有人去做。"王学理说，考古已发现战国时东西，而战国时期这里归秦领地，就是秦都咸阳最早规划的陵墓区。古代都城附近都有墓地，陵墓区作为城市主要组成部分，纳入城建总体规划之中，死人安葬不能乱埋。秦咸阳城最早在渭河北边，以渭城区窑店街道为中心，陵墓区就规划到西北的毕陌了。到秦昭王以后，随着秦国国家强盛，咸阳城扩大，政治中心从渭河北边转移到南边，才把最早的陵墓区放弃，迁到现在的临潼区一带。

"为何会把帝陵张冠李戴。"

"为什么会把秦陵误认为是周陵？"

"这有几方面的原因，"王学理说，一是人名、地名相近，容易混淆。周、秦都有文王、武王，同时历史上说周武王葬于毕，而长安有毕原，咸阳有毕陌，也容易混淆。二是魏时，咸阳既有周文王祠，又有秦惠文王陵，容易将二者合一。三是感情因素。秦始皇执政固然有建树，但在老百姓心目中，对秦的暴政有看法。现在一般说周文王、周武王是仁义之师，文治武功，执政也是关心民生，热爱百姓，所以受到百姓爱戴。老百姓对周文王、周武王的仁政很羡慕，希望实行仁政的王者出现。

王学理讲的道理很容易想通，在现实生活中人们习惯简称，很容易把秦惠文王陵、秦悼武王陵简称为文王陵、武王陵，久而久之就分不清哪个文王陵、武王陵了，加之没有在其他地方发现有周文王、周武王陵等原因，难免会弄错。

"周武王陵会在何处。"

本来以为周武王陵就在眼前，可是让专家一否定，没有了着落。周武王陵会在何处？

史料记载周武王"葬于毕"，这个"毕"在哪里。

刘庆柱在《帝陵史话》一书中提到，关于"毕"地，一说"毕"

在丰镐东南，即今西安市西南郊一带。此地唐代墓葬出土的墓志记载其地为"毕"。另一说"毕"在渭河北岸的咸阳原上，此地中古时代始称"毕"，据传为毕公封地。

"西安有毕原，咸阳原过去也叫过毕原。"岳起说，把咸阳原叫毕陌原，是隋唐以后的叫法。咸阳原叫法本身就不统一，还有叫延原、石安原的。这里有小概念和大概念的关系问题，现在不知道它说的是哪一块。

记者在周陵采访时，还有当地群众把咸阳原叫毕郢原。

周陵文管所所长张俊辉说，郭沫若著的《中国历史稿地图集》中《西周时期黄河中下游地区》图清楚标明"毕"在咸阳原。

"现在在咸阳原上也发现有高等级的周代墓葬，但考古证据还不充分，未做定论。"岳起透漏。

王学理坚持认为，西周王陵所在的"毕原"就在"镐东南社中"，大致范围在长安区韦曲北边的原上。西周人绝不会北越渭河，爬上咸阳原，把周王埋在"毕陌"。

"盼早日找到周武王陵。"

这些年许多专家为了当地经济利益，千方百计找文化资源，甚至不惜捏造历史。陕西的考古专家却将周陵否定了，其勇气和直率非同一般。

有人认为，将周武王陵变为秦陵，两者属于同一性质、同一等级。这种观点难以服人，一个是影响深远的独立王朝的开国君主，一个是晚了700年、没有多大名声的诸侯国的国王，两者陵墓显然不可同日而语。这也是许多人一直坚持将周陵看作周文王、周武王陵的重要原因之一，包括2010年出版的《陕西省帝陵档案》，虽然介绍了专家观点，但还是把周陵放在西周条目下作周文王、周武王陵介绍。

2002年就到周陵园区工作的张俊辉说，有关周陵的归属问题，学术界争论不休几百年，但有一点没有变，自北魏至今，人们都在每年春秋之际来祭祀周陵，这个传统文化千年未变。这是国人精神的寄托，是民族灵魂的凝聚。与此相比，学术界对周陵陵墓主属问题的争论就显得苍白无力了。周陵所载的文化精神，所产生的效应已远远超过了其陵墓本身。20世纪三四十年代，当中华民族处于危难之际，周陵成为中华儿女净凝灵魂之地，冯玉祥、杨虎城、张学良、陈嘉庚、关麟征、于右任等爱国志士曾先后谒拜周陵。

张俊辉讲的有一定道理，周文王陵、周武王陵无论在哪里，不会否定已有文化的存在，但客观上如果能找到真正的周文王陵、周武王陵，对于研究周文化会更有利。早日找到周文王陵、周武王陵，无疑是大家的期盼。

"打败纣的武王。"

周武王姓姬名发，周文王次子。其始祖弃乃黄帝曾孙帝喾的儿子、帝舜时期的农师后稷。根据《史记》等史料，商纣王"材力过人"，文武双全，能言善辩，但刚愎自用，过于自负。而周武王善用贤能，用姜子牙为军师，让周公姬旦辅佐政务。他即位第11年，一举推翻商朝，成为西周王朝开国君主，建立了中国历史上第三个奴隶制王朝，3年后即公元前1046年病故。

"风土地理

'背儿抱孙'的周陵。"

传说的周武王陵所在的周陵位于咸阳市北郊五陵原，行政区归渭城区周陵街道办，距咸阳市区 5 千米。

由于周武王陵在传说的周文王陵之北，周文王陵西南方向约 1.3 千米陵照村北有传说的周武王之子周成王之陵，周文王陵东南方向约 1.6 千米新庄村西有传说的周成王之子周康王陵，周成王陵西南约 1.8 千米还有传说的周康王重孙、西周第六代国王周共王陵。因此民间用"背儿抱孙"形象总结这一带周陵分布。

"记者见闻

毕沅立的碑倒了。"

周陵四周被高大围墙包裹，由于园内有高大柏树遮挡，在陵园大门和西边迎宾大道上，看不到陵丘。从写有"文武圣地礼易之根"的陵园大门进入，先遇一建筑群，有木牌坊、戏楼、献殿、享殿、碑廊等。走出建筑群后门，被一高大陵丘挡住视野。陵前有清代陕西巡抚毕沅所立"周文王陵"碑，此碑东侧有 1958 年 3 月咸阳县人民委员会立的石碑，上面写道：周陵系文武成康四王之陵及周公太公墓。为陕西省人民委员会 1956 年 8 月第一批公布文物保护单位。

登上周文王陵北望，看到一圆丘状陵丘，明显比周文王陵小。记者踏过 100 多米留有苞谷秸秆断屑的耕地，来到陵下。陵前有新修水泥台阶，平台上是高大的碑楼，上书"周武王陵" 4 个大字，亦为毕沅所立。

碑后陵丘南面呈"丫"字形的小道分开了陵上的荒草。记者登上陵顶，北望可见现代化的机场高速公路；东望是被民间称为姜子牙墓冢。

考虑到传说的周成王陵、周康王陵、周共王陵都被专家否定，而且不是其他独立朝代帝王的陵，又都在所传说的周武王陵附近，单独做报道意义不大，因此2月1日离开周武王陵后，记者顺便查看了这3座陵。

周成王陵在咸阳市农业科学研究院后院，紧临办公楼，南距办公楼约5米，相对周武王陵要小，可能为后期破坏，形状不规则。陵上长满灌木，陵南侧立两块碑，西边为咸阳市人民政府1984年12月所立碑文，东边碑系陕西省人民政府2011年5月所立碑文。其中东边碑面用来刻字的纸样还没有掉，正面碑文为：陕西省第五批重点文物保护单位，汉孝平王皇后墓（康陵陪葬墓）。

周共王陵在王车小堡村南，没有周武王陵高，但宽一点，形状为覆斗形。记者穿过500米庄稼地到了陵前，才在陵南侧发现陵碑分为两截倒在地上，一截有"王陵"二字，和其他毕沅所立碑字体相同，但没有发现小字。另一截扣在地上看不到文字。

周康王陵与新庄村庄子相距有两三百米，中间有密植的小树林相隔，从树林中穿过，见此陵明显比周武王陵高大，呈覆斗形。陵周围有两米高的土台，上了土台，在陵南侧发现陵碑，但上半截扣在地上，下半截也是有"王陵"二字。小字说明是毕沅所立的碑。

两处都看到毕沅立的碑倒地，让人联想到被专家推翻了的毕沅给这几处陵的定名。

张俊辉：对秦王墓的疑点

第一、如果发现的为秦悼武王和秦惠文王之墓，那么在附近发现的200多座战国时期的平民墓又怎么解释？

"从平民墓中发掘出来的东西已经确认是战国时期的，如果是秦代的两个帝王，那平民墓就不可能进入帝王的陵园范围，这是封建陵寝礼制问题，也不可能出现此类事情。"

第二、如果是秦王墓，在他们那个时期已经由公墓制度转化为陵园制度，两个王怎么会在一个陵园中？

"公墓制是好几个帝王葬在一块，而陵园制已经发展到一个帝王一个陵园，秦宪公已经是一个陵园了，而秦悼武王和秦惠文王之墓却葬于同一个陵园，这就难以说明问题。"

"'毕'成为揭开谜团最终答案。"

《史记》曰："葬周公于毕"，而岐周至今找不出毕地被排除有西周王陵的可能性了。从文史资料来看，"毕"是文武周公的葬地，这一点大家都没有异议，只在于"毕"在何处？

张俊辉将他对这个字的推断和分析给出。

第一、《史记》成书于西汉武帝时代，上起黄帝，下至武帝。如果"毕在镐东南杜中"，那么《周公世爵》曰："姬嘉，周公三十六代孙，武帝元鼎四年，封周子南君秩比列侯，元封三年弟昭袭。元帝初元五年，追封承休侯，缮治陵寝。"西汉帝王为什么要封咸阳的周公子孙爵？

第二、从地望来看：丰在镐西，丰镐相距12.5千米，杜在镐东南，毕郢在丰镐西北，如果"毕在丰镐东南杜中？"那么"毕西于丰三十里"又是怎样？

第三、"毕"在殷周时期，地在咸阳，不在杜中。司马迁认为："毕在镐东南杜中"，他所指的"杜"可能是依据汉初杜县的位置来说的。此句中的"杜"可推定为依杜伯国位置，不可能依杜县位置。史公不可能在阐明"毕"地的关键语中用两个朝代的地名来指地望，另《史记》中用国名、州名、县名表示国都。

第四、从历史地名考来看，史公成《史记》及有关周的史料用的是西周地名。"文王卒于毕郢""武王上祭于毕"等，"毕"是西周时或商晚期的封地名，既然周王陵在杜伯国之毕地，史公可直说成"祭于杜"也免留下这些费解和争议。

程、毕地望在今咸阳市东北16千米处渭城韩家湾乡白庙村附近。是吴回后代的封地，商代封其后裔于此，称程邑，殷末，古公亶父子季历、孙姬昌（文王）曾都于此。毕地在程地之北，周武王伐纣之后（前），将此地封给姬高，称毕国，后人称其为"毕郢"（郢通程）称咸阳北部的黄土原为"毕原""毕陌"或"毕郢原"。（《咸阳地名志》）

古人建都造陵的法天思想和毕程于丰镐的位置。二十八宿，是古人为比较日、月及金、木、水、火、土五星的运动而选择的二十八个星宿，作为观象测时的标记。"宿"的意义和黄道十二宫的"宫"相同，表示日月五星所在的位置。分东方七宿，北方七宿，西方七宿，南方七宿。西方七宿为：奎、娄、胃、昴、毕、觜、参。咸阳毕原的位置和地形为：北纬34度21分—34度29分，东经108度38分—108度56分位，是黄土台原的南部边缘，东西长32.7千米，南北宽13.5千米，最窄处仅有1.5千米。总面积为350平方千米，地势西北高，东南低，中间略有起伏。最高处海拔519米，最低处411米，平均每320米高差1米。背泾面渭，东端被泾渭汇流切断，形成三角形的原面，形状很像二十八宿里的毕宿，（《咸阳地名志》）也就是说咸阳毕原像"毕宫"且土厚水深，原面平坦。

文王精天文，通地理，后又坐羑里演周易，在他的父亲季历先后攻败西落鬼戎、余无、始呼、翳徒等部落，以程地作居邑，国土沿渭河向东扩展的基础上，继位后在伐宗侯虎，作丰邑前，仍居程邑。他依据"毕程"的奇特地位和地形，在此修建宗庙，后作为自己的墓地是符合逻辑的。"毕"地处在新都沣京的"乾"位，也符合文王八卦"乾"为天子之位和古人都北而葬的定位思想。所以民俗曰："文王身卧福地，头枕岐凤（岐山、凤凰山）二山，手扶泾渭（泾河、渭河）两岸，脚蹬金斗潼关（潼关县志说：潼关日产斗金）"。

《古本竹书纪年》载："六年，周文王初祈于毕，毕西于丰三十里。"也就是说，六年（帝辛），文王初行春祭于毕，按周制"天子诸侯同宗庙之祭，春曰祈，夏曰祭，秋曰尝，东曰烝。"天子的祭为特祭，其余三祭为合祭。前文已述过：杜在镐东南，毕程在丰西北，《史记》说文王"伐崇侯虎前，仍居程邑"。《国语·晋语八》注说："豕韦自商之末，改国于唐，周成王时灭唐而封其弟唐叔虞，迁唐于杜，谓之杜伯"。显然杜是在周成王灭唐之后形成的。可以推出杜是向镐靠近了一步。因"唐有乱，周公诛灭唐"。成王迁于杜是便于管理和监视。就是殷唐，周杜，汉杜县，唐毕原就是史公所指的毕地所在，那么从时间上文王在居程邑而东伐地的那个时段，不可能在帝辛六年在那里行春祭。唐国也不可能有周人的宗庙。此时的周人宗庙文王只能建在他和父亲所居的程邑。

无论是谁的陵墓，它都有自己的本位文化和附加值在内，学术论证是没有止境的，而且很正常。一个文物古迹，我们要看到它的历史承载价值和沉淀，都是老祖宗留下来的，假如真正挖掘开发是秦墓，我们不可能就将现在的周陵碑碣推倒，因为它已经在我们的信仰文化、民俗文化中培植了一种文物文化的载体。

（作者：陕西省文物局汉唐网《西安日报》记者 金石）

五、《问礼周陵》

坦诚地说，我并不太清楚"礼"是什么。尽管我多次去过"礼"的象征地——周陵，尽管我在儒家的典籍里，在史家的卷册里，在文人政客的文章里，甚至在寻常百姓的俗语里，随处都能看到"礼"的身影。不过，我知道，正是由于3000多年前周文王、周武王、周公、姜子牙等一帮人的"兴礼制乐"，才使遥远的西周成为孔丘一生歌咏的理想国和后人仰慕的治世。所以有人说，以"礼"为核心的周文化，肇基了中华文明的初始形态，形成了中华文明的第一个高峰，因而它比后来的汉文化、唐文化显得更为重要。

于是，位于咸阳城北郊周陵中学内的周陵，便成了历代景仰的古迹。这里，葬着周文王姬昌、武王姬发，以及周公姬旦和太公姜子牙，是弥漫着"礼"的所在。虽然自宋以降，针对周陵真伪的争议就没有停歇过，但这丝毫不影响我们对"礼"的追访，正如同我们饮水而不必在意它装在什么样子的容器里一样。整个周陵，掩映在松柏之中。虽然由于时间的旷远，这里除了几堆封土外，并没有留下多少东西，但依然难掩那份从骨子里透出的神秘与肃穆。与这片土地上因"礼"而给人的无穷意象相比，陵园内今人所修的大殿、泥塑、碑廊等均不值一提，倒是那大约明清时代所修建的文王坊、大大小小40余通自宋至中华民国的祭陵碑以及蒋介石夫妇手植的柏树，还在用斑驳的彩绘、溃漫的文字和干苍的枝丫，默默表达着前人对"礼"的膜拜，值得注目沉思。

文王陵的封土位于祭殿的北面，只有十余米高，蓑草遍布。在咸阳北塬累累的帝王将相的陵冢中，若不是清人毕沅立的那块碑，你难以想象这就是文王的陵寝。想当初，作为商朝的诸侯，被封为"西伯"的姬昌，眼中的世界不知道是什么样子，但《史记》所言商纣王大造宫殿，酒池肉林，宠信女色，囚禁贤人，残害忠良，"重刑辟、有炮烙之法"，以及"脯鄂侯尸、剖比干心"的暴行，肯定是激怒了这位后稷的子孙，使他早早地就在心中勾勒出了灭纣的宏图。否则，商纣何以将他入狱？不过，也正是这次入狱，才让姬昌有时间将伏羲的八卦推演为六十四卦，从而有了后来的《周易》。那对自然规律的认知、"尊天法理"的思想，以及朴素的辩证法，不知道是不是"礼"的渊薮？登陵而上，整个陵园形制尽收眼底。望着脚下在微风中摇曳了几千年的蓑草，我想它们一定见过，在同样风和日丽的午后，有睿智的前人在此折草为爻，卦出"礼"的深奥。

文王陵北边100米处，紧挨着武王陵，二陵形制、高度相当。我不知道，"文治武功"一词是否就缘自文王与武王，但这4个大字就悬挂在周陵的祭殿之上，倒也十分确切。文王初创了"礼"的思想，而真正灭掉商纣、开始"礼"的统治的，是文王的儿子武王。公元前1046年那个大雨瓢泼的日子，武王就是巧妙地利用"礼"所包含的"尊天"思想，用"天洗兵"来安抚并激励因突降暴雨而惊恐的士兵，誓师伐纣的。这一年，牧野的战火焚化了"暴"，熔铸了"礼"，让中国历史翻开了新的一页。也许正是看到了纣的暴虐，才有了武王以"礼"治国的实践；也许正是由于有了"礼"的治理，才有了后来成、康的治世。于是，不管是真信还是假信，"礼"便被后世的明君所遵从，被历代的文人所传诵，逐渐地浸濡到中华文明的每一个细胞里。

成全了"周礼"的，自然还有周公姬旦和太公姜子牙。他们的墓葬也坐落在离文王陵、武王陵东北不远的地方，既小且矮，鲜有人至。但这并不影响二人在历史上的丰功伟绩。周公不仅留下了《解梦》，而且还将"礼"拓展为"敬天""保民""明德"的治国思想体系，并亲自"制礼作乐"，为后世留下了整套的典章。辅佐成王、康王，更是赤胆忠心，用自身的行动践行着"礼"。也许正是看中了"礼"，才让直钩而钓的姜子牙放下了手中悠闲的钓竿，投身到了"礼"的事业中。一册《丹书》早已失传，使我们看不到他对"礼"的注解，但武王以《丹书》中的警句为铭，贴于席角、几边、盆沿、盘口、镜旁、鞋面、门槛、窗扇、杯柄、杖头、带上以及随身携带的剑、矛、弓等处，时时颂咏，就足以说明许多。

周陵与周边放眼可见的汉帝陵相比，显得非常低矮，甚至抵不上汉帝陵的陪葬墓高大。但帝王的功绩，能用封土的高低来表征吗？其实，一掊黄土并不重要，重要的是它承载着什么。想起从古至今围绕周陵真伪的争议，我陡然间觉得实在没有意义，甚至有些可笑。也许周陵确实是秦惠文王和秦悼武王的墓冢；也许周陵不过是陪葬汉帝陵的无名冢；甚或周陵仅仅只是后人为纪念文王他们所堆的一堆土而已，但这些重要吗？搞清楚这些，除了考古意义外，还能有什么意义呢？因为周陵的存在，不是仅仅作为墓冢而存在（那样或许早就湮灭了），而是作为"礼"的表征而存在的。真正吸引我们的，不是周陵陵园内的那几堆封土，以及后人添加的砖瓦，而是它作为一种文化象征，所赋予我们的无穷意象与思索。我们来这里，不就是来问"礼"的吗？

3000多年的风雨，已经让西周的"原礼"之树，在中华大地上化育为枝蔓繁错的参天大树。在"原礼"不断地泛化过程中，有传扬、有遗漏、有赞扬、有反对、有利用、有歪曲，让人难寻当日的形态。但文化正是因泛化而发展，因发展而泛化的，当我们看不清它的原始形态的时候，它实际上已经以一种基因的形态，渗透到我们文化的角角落落，浸濡到我们思想的方方面面。

从周陵出来，我突然想起了苏轼的《题西林壁》："横看成岭侧成峰，远近高低各不同。不识庐山真面目，只缘身在此山中。"或许，可以此诗，为"礼"做答。

（作者：咸阳市文物旅游局副局长 杨军）

六、《周陵寻易》

作者来周陵工作已经近十年了，坦白地讲，我对《周易》并没有多少了解。每天看着纷纷前来卦卜的游客，自己总在一种神秘的光环外迷茫，内心走近不了"周易"理论实质。

周陵被誉为"文武圣地，礼易之根"。"易"的神秘弥漫着这座陵园，斗转星移数千年。当地群众世世代代都在传讲着周陵的奇闻轶事，传讲着在文王庙卦卜吉凶的神奇，传讲着来周陵进香祈福的灵验。

远古时的伏義氏得背上布满神奇图案的"龙马"，仰观天文，俯查地理而做"八卦"。殷商时，西伯侯姬昌被纣囚禁于羑里7年，遂体察天道人伦阴阳消息之理，演八卦为六十四卦，并作卦易辞。从此拉开了人类运用"易"学卦卜演生发展的序幕。至今人们习惯称这种文化为"周易"，遇事卦卜也都用"文王八卦"。

展开咸阳原文物遗迹分布图，如果说塬上星罗棋布的帝王将相的陵墓似天体间的繁星，那么众星拱卫的就是周陵。

"易"曰，"山为龙脉水为气"，咸阳原是泾渭水相交形成的三角塬带。南有秦岭，北有九嵕山，而周陵处在与天体二十八宿相应之"毕"座。据泾浮渭，龙脉互供，水深土厚。"易"称之为"龙穴"。周文王将周室王宗墓地选定在此，又与京都丰京成"乾"位，完全符合"文王八卦"之哲理。"咸阳原上埋皇上"为后世各朝所效法。

漫步于周陵林荫小道，处处都有和"易"相关的难以解读的神奇，陵园中轴线上的文武柏、文王陵前的灵石和陵顶生长的文王蒿、连接各陵间的八卦路、周公墓生长的异草（叶色春青、夏赤、秋白、冬黑）等，都世世代代向我们传送着文武周公及太公与"易"学的神秘。

一部《封神榜》使国人对周文王以礼德治国，"尊天理法"的治国思想和以"易"预事、遵循"道法自然"充满赞叹与崇敬。"周公解梦""太公兵法"也被人们代代相传至今。

《周易》是中华民族灿烂的文化瑰宝。古人用它来预测未来，决策国家大事，诠释生活现象，上测天，下测地，中测人事。目前全人类都在研究《周易》。有人云:《周易》包罗万象是一门科学。有人云：《周易》的有些理解与科学相符，但不是科学只能是一种文化。且不谈它的科学合理性，单就一种文化，在悠久的历史长河中，我们这个民族之所以能历众劫而不覆，逢多难而不亡，遇衰复兴，不断发展壮大，根源一脉相传到今，是与我们这个民族受易道精神的滋养息息相关的。

人们用《周易》解读生活和劳动以及自然界中的相生相克、和谐发展、与时俱进等道理，以调整现实状态，在"简易""不易"和"变易"中寻求生存、求发展、求和谐。

中国的文化结构具有民族性的性格，从而决定了我们这个民族的思想精神和文明的传承。从伏羲到三皇五帝，再经西周、东周到春秋战国，以"易"学为起源，形成了百家争鸣之局面。以老、庄为代表的道家；以孔、孟为代表的儒家；以孙武、孙膑为代表的兵家；以墨、翟为代表的墨家；以韩非为代表的法家，在他们的思想中，无不体现辨证方法和"易"理之道。"穷则变，变则通，通则久。"

说来也怪，有关周陵的归属问题，学术界争论不休几百年。看法不同、观点不同、归属不同，又在不同时期以所谓的学术大家、泰斗的观点对周陵"说三道四"。各种观点和推测不知变了多少次，但有一点没有变，就是自西汉武帝元鼎四年（前113）封周公三十六代孙之爵位，缮治陵寝，到史料可查者自北魏始致祭至今，人们都在每年春秋之季来祭祀周陵，这个传统千年未变。和这种一脉相承，永不息止的文化精神相比较，我们学术界的争论就略显渺小和可笑了。周陵所传承的民族传统"礼""易"文化不值得延续吗?

武王灭商后回京都，在周先祖公刘所都之地，"登豳之阜，以望商邑"，忧天下之民而不能寐。今敝人登武陵之顶视山野河川，秦岭与九嵕之和谐；塬上周、秦、汉唐帝王将相陵墓分布之和谐；人们生活、生产之和谐；"泾渭分明"之二水和谐汇流投入黄河，无不显和谐兴盛之景象。五陵原文化遗产所带来的旅游业的兴起和发展，体现着我们文物保护工作的与时俱进之指导思想，整合地域特色文化与国际文化相链接，把周陵打造成"礼""易"文化之名片和世界大文化相接轨，也是"易"文化之哲理之体现。

从"文革大革命"时期批"易"批"周公"，把"易"学当成一种迷信思想，到今天我们把"周易"视为一门科学、一种文化推向世界，这也许是在"变易"中求得"不易"的定数吧。

（作者：周陵文物管理所所长 张俊辉）

七、中华姓氏探源

《姬氏家志·卷四》

鲁国宗谱

姬 周公长子鲁公伯禽鲁之世国者周公君陈为王卿士周之世爵者

凡 周公少子封于凡以国为氏

蒋 周公少子伯龄封于蒋其后子孙以国为氏

刑 周公第四子刑侯之后以国为氏

茅 周公少子茅叔封于茅子孙以国为氏

胙 周公少子封于胙以国为氏

祭　周公少子祭伯其后遂以国为氏

鲁　鲁公伯禽封于鲁支子以国为氏

颜　鲁公伯禽少子颜之后以字为氏

伯　鲁公伯禽后以祖字为氏

符　鲁真公子世掌符玺以官为氏

郎　系出鲁懿公孙费伯城郎居之子孙因邑为氏

柳　系出展氏鲁公子夷伯孙无孩子展获字禽食邑柳下后世以为氏

施　系出鲁惠公子施父之后五代孙施伯以高祖字为氏

臧　其先出自鲁孝公之子抠字臧其孙以王父字为氏

孟　系出鲁桓公子庆父世为卿号孟孙因氏

仲孙　鲁公子庆父子后庆父曰共仲故以为仲氏亦曰仲孙氏

季　系出鲁桓公子季友之后

汪　系出鲁桓公庶子满食采於汪因邑为氏

闵　系出鲁公族闵马父封于闵乡因以为氏

衷　系出袁氏鲁哀公后以谥为氏后人以为悲哀之哀故增一为哀氏

展　鲁公族鲁公子展之后

秋　鲁大夫仲孙湫之孙名湖者仕于陈以祖字去水为秋氏

宫　鲁孟僖子之子韬食邑南宫即孔子弟子南宫适其后支子为宫氏

南　鲁公族

公冶　系出鲁公族大夫季公冶后以字为氏

巩　系出周公族大夫巩伯之后

146

暴　周公族有暴公世为王卿其后姓暴氏

同姓族谱

乌　系出金天少昊以乌名官有乌鸟氏主山陵其后为乌氏

祝　系出有熊氏周武王封黄帝之后於祝以国氏后为齐所并其封城至齐之间祝啊祝邱是也

郜　系出姬姓尧封兄后稷於郜号周支子以旧国为氏

吴　渤海郡系出姬姓武王封太伯弟仲雍曾孙周章於吴其后子孙以国为氏

虞　太伯弟虞仲雍之后

董　系出黄帝裔孙有溜叔安生董父舜赐姓董氏

路　系出帝挚子元元尧封于中路历夏称侯子孙以国为氏

寿　京兆郡系出姬姓吴王寿梦之孙公子掩馀别姓寿氏

柯　洛阳郡系出吴仲雍五代孙柯相之后

阎　太原郡武王封太伯曾孙仲奕於阎乡以邑为氏又云昭王少子生而手文曰阎康王封于阎城又云唐叔虞之后

郁　系出姬姓虞仲雍封支子于郁闾城以奉太伯之祀

岑　南阳郡系出姬姓文王封异母弟耀之子渠於岑之孙以国为氏

郭　太原郡系出姬姓武王封王季次子虢仲於东虢虢叔曰二虢后虢叔之国改姓郭支子以国为氏

刁　洪农郡系出文王同姓有雕后更为刁氏

于　河南郡系出武王第三子封于邗后世去为于氏

应　汝阳郡系出武王第四子封于应其后以国为氏

单　代郡族成王封少子臻于单邑因以为氏

韩　南阳郡系出姬姓武王少子封于韩晋灭韩封桓叔子万于韩

原世为韩氏

管 平昌郡系出文王第三子管叔鲜后

蔡 洛阳郡系出文王第五子叔度封蔡其子曰胡续封是为蔡仲

后因氏焉

曹 谯国郡系出文王第六子曹叔振铎封国於曹其后以国为氏

成 上谷郡系出文王第七子郕叔武封于成其后去邑为成氏

霍 太原郡系出文王第八子霍叔处之后以国为氏

康 京兆郡系出第九子卫康叔之后以谥为氏

冉 武陵郡系出文王第十子冉季载封于冉后世去邑为冉氏

郜 京兆郡系出文王第十一子封于郜后以国为氏

荀 河内郡系出文王第十二子郇伯之后去邑加草为荀氏

毕 河南郡系出文王第十五子毕公高封于毕以国为氏

潘 系出毕氏毕公高支子食菜於潘以邑为氏

武 系出姬姓周平王少子手有武字文遂赐武氏世为周卿

庞 周文王子毕公高手封于庞因以为氏

郇 太原郡系出姬姓文王子封於郇

原 系出姬姓周文王子封于原为原伯

雍 文王子雍伯封于雍以国为氏

岐 系出姬姓文王支庶留岐以地为氏

丰 松阳郡系出姬姓文王子封于酆后去邑为氏

毛 西河郡系出姬姓文王子毛伯郑之后世为周卿士因国为氏

腾 南阳郡系出姬姓文王子庶绣武王封于腾其后以国为氏

燕 范阳郡系出姬姓燕召公之后以国为氏

邵 博陵郡系出姬姓召康公封燕其次子世为畿内诸侯作王上

卿号曰召公因为氏后世子孙增邑为邵氏

贾　武威郡系出唐叔虞少子公明康王封于贾为贾伯河东临汾有贾乡即其地也为晋所灭以国为氏

令狐　太原郡系出魏氏魏抽子颗系毕万曾孙以功别封令狐其孙文子颉因为令狐氏

怀　河内郡系出唐叔虞初食采於怀后封晋国支子别姓怀氏

翁　周昭王庶子食采于翁因以为氏

狄　天水郡周康王封弟孝伯於狄城其后以地为氏

家　京兆郡系出周孝王子家父之后世为周卿

郑　荥阳郡系出姬姓周宣王封弟桓公友于郑之子以国为氏

陆　河南郡系出姬姓周宣王封少子季逵於平陆即古陆终氏之墟其后以陆为氏

杨　弘农郡系出姬姓周宣王少子尚父封于杨号曰杨侯后并于晋因为氏

从　东菀郡系出姬姓周平王封少子精英为枞侯后为枞姓汉枞公子孙改从氏

周　汝南郡系出王平少子烈之后食采汝坟因姓周氏其后汉兴封汝坟侯赐号正公以续周祀

甘　渤海郡系出周惠王弟叔带封於甘后以为氏

惠　扶风郡系出周惠王之后以祖谥为氏

王　系出周灵王太子晋以直谏废为庶人其子宗敬为司徒时人号曰王家因以为氏

王　京兆河间之王出于周文王第十五子毕公高后

阳　蓝田郡周景王封少子于阳樊后因氏焉

刘　彭城郡系出周定王子刘文公后

魏　系出毕氏毕公高裔孙毕万仕晋为晋献公大夫食采于魏故姓魏氏

翟　成王子封于阳翟后以国为氏

郗　武陵郡成王定鼎於郗辱支子以邑为氏

贝　清河郡系出召康公支子食采於钜野之测国子孙去邑为贝氏

濮阳　系出郑公族大夫居濮水之阳以濮阳为氏

蒯　东阳郡系出卫庄公蒯聩之后以字为氏又古国名以国为氏

卫　文王子康叔封于卫其后以国为氏

汲　清河郡系出卫宣公太子汲之后居汲因氏焉

元　河南郡系出卫公族大夫元口之后

宣　始平郡系出卫宣公之后以谥为氏

叶　南阳郡系出口季载裔孙楚沈诸梁封于叶公子孙以邑为氏

甯　齐国郡系出卫武公子季门食采於甯世为卫卿

游　系出姬姓郑穆公子游吉之后

盛　广陵郡系出召公爽支孙封于盛为燕附庸姓爽氏后避汉元帝讳更为盛氏

师　太原郡系出姬姓晋公族大夫师服之后

孙　系出卫武公子康叔九世孙惠孙之孙以王父字为氏

常　系出卫康叔支孙食采常邑因以为氏

堵　河东郡系出姬姓郑大夫堵叔师之后为堵氏楚堵敖之后亦有堵氏

栾　西河郡系出姬姓晋靖侯孙宾封于栾世为晋卿

京　东都郡系出郑公子叔段封于京子孙以邑为氏

国　下邳郡系出郑公子国之后

帅　系出晋尚书师艹避司马师讳改姓帅

曲　陕郡系出姬姓晋穆侯封少子成师于曲沃后氏焉

大叔　东平郡系出郑穆公孙世叔仪后姓大叔氏

晁　京兆郡系出周京王子葛之后为晁氏

鞠　出阳郡系出燕公族大夫鞠氏之后

冯　始平郡系出文王子毕公高支子食采於冯子孙去邑为冯氏

强　天水郡系出姬姓齐大夫公孙强之后疆与强同以为氏

石　武威郡系出魏公族大夫石蜡之后

万　系出晋大夫毕万之后

富　系出姬姓周同姓大夫富父之后

洪　系安郡系出姬姓卫大夫洪演之后到唐始避高宗子弘之讳为
洪氏

耿　平阳郡系出姬姓周有耿国晋赵氏灭耿以为邑后后以国为氏

蔚　琅琊郡系出郑公子翩封邑於蔚后以邑氏

印　冯翌郡系出郑穆公子印段之后

荣　上谷郡系出姬姓周武王臣荣公之后

巴　高平公系出姬姓楚附庸国后为巴氏

鄂　武昌郡系出姬姓晋侯光居于鄂号鄂后子孙以为氏

滑　下邳郡系出姬姓滑国之后

乔　梁国郡系出有熊氏黄帝彝於桥山支子守陵者为桥氏后周
桥达帝令去木为乔民

桥　姬姓后皇帝葬桥山群臣守冢不去者为桥氏

詹　河开郡系出有熊氏黄帝子詹人封詹国一云周宣王支子赐

姓詹封詹侯

通 西河郡系出姬姓巴国之裔邑于通江因姓通氏

宰 西河郡系出周冢宰之后以官为氏

樊 系出姬姓虞仲支孙仲山甫封于樊后因以为氏

国 系出姬姓郑穆公子发字子国生辄辄生侨以王父字为氏亦为

国氏

戎 江陵郡系出姬姓

沈 吴兴郡文王子口季食采於以邑为氏

凌 河间郡系出姬姓卫康叔支子仕于周为凌人氏

越 晋阳郡系出姬姓

东野 伯禽之子居东野为东野氏

吉 鲁公少子封于吉为吉氏

廖 姬姓黄帝孙颺古廖字后为廖氏

何 唐叔裔孙韩王安后为韩氏

养 姬姓邓大夫养甥后以养为姓

蔺 姬姓韩厥支孙食采於蔺后以邑为氏

平 晋哀侯少子姑食采於平后以平为氏

公羊 鲁公孙羊孺之后为公羊氏

倪 郑武公封其子於倪因为氏

汝 平王子烈封於汝后以国为氏

寇 康叔为周司寇子孙以官为氏

卜 曹叔振铎之后仕鲁为卜邑大夫后以为氏

邰 周太王去邠其族留于邠者为邠氏

古 古公之后为古氏古公之后为古氏

附西周帝王世系表

西周（前1046—前771），始于文王，终于幽王，共13帝。周朝的始祖名弃，帝喾的后裔，弃曾做过尧、舜的农师。周朝姬姓。

文王：在位51年，文王姓姬名昌，父名季历。姬昌即位后曾一度被商王所囚，后被释放。他礼贤下士，有姜子牙等名臣辅佐，为以后灭商打下基础。据传文王死时97岁。

武王：在位5年，武王姬发，父姬昌。即位后大举伐商，并于牧野大败商军，纣王自焚，商亡。武王建都于镐京，史称西周。武王死时54岁。

成王：在位30年，成王姬诵，武王之子，即位时12岁，由周公旦摄政。之中，平定武庚（纣王子）叛乱，并大封诸侯，造东都洛邑。成王死时42岁。

康王：姬钊，成王子。康王是一位有作为的周王，周朝较强盛。

昭王：在位2年，昭王姬瑕，康王子。"昭王之时，王道微缺"，周国力开始下降，昭王南巡死于楚。

穆王：在位55年，穆王姬满，昭王子。穆王时作《吕刑》，是流传下来的我国最早的法典。穆王是西周在位时间最长的周王。

共王：在位12年，共王姬伊扈，穆王子。

懿王：在位25年，懿王姬囏，共王子。懿王时，周室衰弱，已无力抵抗外族入侵。

孝王：在位15年，孝王姬辟方，穆王的儿子，共王的弟弟。

夷王：在位12年，夷王姬燮，周懿王的儿子。夷王时，周天子与诸侯的矛盾尖锐化，夷王曾烹杀齐哀公。

厉王：在位 16 年，厉王姬胡，夷王的儿子。厉王是一位暴君，对外战争屡败，国势日危。在位 16 年，后被国人放逐。

周、召共和执政 14 年：周、召共和是指周定公与召穆公共同执政，二人均为宗周的大贵族。

宣王：在位 46 年，宣王姬静，厉王的儿子。即位后针对周王室的内忧外患，进行改革，取得成功，史称"宣王中兴"。

幽王：在位 11 年，幽王姬宫生，宣王的儿子。贪淫无道，为博宠姬褒姒一笑，竟"烽火戏诸侯"，从而亡国被杀，这就是"一笑倾国"的由来。

周公世爵

《国语·晋语》："黄帝之子二十五人，其同姓者二人而已。唯青阳与夷鼓为己姓。青阳，方雷氏之甥也。夷鼓，彤鱼氏之甥也。其同生而异姓者，四母之子，别为十二姓。凡黄帝之子二十五宗，其得姓者十四人，为十二姓：姬、酉、祁、己、腾、葳、任、苟、僖、姞、儇、依是也。唯青阳与苍林氏同于黄帝，故皆为姬姓。

汉姬嘉，周公三十六代孙。武帝元鼎四年，封周子南君秩列侯。元封三年弟昭袭。元帝初元五年，追封承休侯，善治陵寝。昭卒，子崇烈袭。崇烈卒，子宪袭。姬宪，平帝元始四年，进封郑公。王莽篡，失爵。

东汉姬观，周公四十代孙。建武三年封卫公，诏居咸阳，奉文、武、周公祀。观卒，子蒿袭。蒿卒，获袭。获卒，子广袭，以党人失爵。

晋姬章，周公四十五代孙。武帝泰始二年，封嗣圣公，备锡褒美。章卒，子潜袭。潜卒，子□袭，西晋乱，失爵。

北魏姬邵，周公四十八代孙。道武天兴二年，封永成侯。邵卒，子武袭。武卒，子贲袭。北魏乱，失爵。

隋姬勋，周公五十二代孙。文帝开皇九年，拜为昭德侯，诏修宗谱。

唐姬顺，周公五十三代孙。高祖武德二年，封为咸阳公，釐正祭田祭器。顺卒，子帧袭。帧卒，子明善袭。明善卒，子持礼袭。安禄山乱，国除。

宋姬邠，周公五十八代孙。太祖乾德五年，封周南公。

姬绍，周公六十一代孙。仁宗景佑二年，封郢公。绍进周公《无逸篇》，帝命起居注蔡襄大书于讲读阁屏。

元《姬宗世谱》；武宗至大初，诏西安廉访司征周公后，得六十四代孙姬重郁陛见。后忤相臣脱虎脱章，停封。

清姬肇勋，周公七十七代孙。乾隆四十三年，诏封世袭翰林院五经博士。肇勋卒，子守礼袭。守礼卒，子琏璧袭。琏璧卒，子柄袭。

中华民国姬立法，周公八十一代孙。三年袭。

参考文献

1. 司马迁．史记．北京：中华书局，1959.

2. 郭彧译注．周易．北京：中华书局，2010.

3. 王秀梅译注．诗经．北京：中华书局，2010.

4. 杨宽．西周史．上海：上海人民出版社，2003.

5. 顾颉刚等．中国历史地图集·古代部分．北京：地图出版社，1956.

6. 溥仪．我的前半生．北京：中华书局，1964.

7. 张传玺．中国古代史教学参考手册．北京：北京大学出版社，1985.

8. 张明林．四库全书．上海：上海辞书出版社，2006.

9. 咸阳市地方志编纂委员会．咸阳市志．西安：陕西人民出版社，1995.

10. 咸阳市文物局．咸阳市文物志．西安：三秦出版社，2008.

11. 渭城区地方志编纂委员会．渭城区志．西安：陕西人民出版社，1996.

12. 张德臣．渭城文物志．西安：三秦出版社，2007.

13. 王学理．咸阳帝都记．西安：三秦出版社，1999.

14. 胡正辉．新编成语词典．上海：上海远东出版社，1995.

15. 刘庆柱，李毓芳．西汉十一陵．西安：陕西人民出版社，1987.

16. 李耀堂．周易新解．西安：三秦出版社，2009.

17. 冯强文．吉日咏咸阳．北京：旅游教育出版社，2013.

18. 国家文物局．中国文物地图集·陕西分册．西安：西安地图出版社，1998.

19. 张德臣．泾渭清浊探析．咸阳师范学院学报，2002.

20. 逯富太．卫国文化考．郑州：中州古籍出版社，2012.

21. 穆劼．中华成语故事．长春：吉林大学出版社，2011.

22. 任玉成等．成语故事．上海：少年儿童出版社，1999.

23. 张俊辉．对周陵为秦陵说的质疑．咸阳城市科学，2005.

24. 张俊辉．论五陵塬的水土流失与文物保护．咸阳城市科学，2004.

25. 张俊辉．关于秦都咸阳几个争议问题的探讨．咸阳城市科学，2005.

26. 张俊辉．古代五陵塬营陵原由初探．五陵塬文化报，2004.

参考文献

附　录

一、周陵大事记

1. 周武王克殷三年后（前1043），武王崩，祭于毕（毕，文王墓地名）。

2. 西汉武帝元鼎四年（前113），封周公三十六代孙姬嘉为周子南君，秩比列侯，以奉先祀。

3. 西汉元帝初元五年（前44），追封姬嘉弟姬昭为承休侯，嗣周公后，缮治陵寝。

4. 东汉光武帝建武三年（27），封四十代孙姬观为卫公，居咸阳，奉文武周公祠。

5. 隋文帝开皇九年（589），诏拜周公五十二代孙姬勋为昭德侯，奉诏修宗谱，并诏祀文王、武王于丰渭之郊（丰近咸阳，渭即咸阳）。

6. 唐高祖武德二年（619），封五十三代孙姬顺为咸阳公，厘正祭因祭器藉薄，又诏立周公庙于国学，四时致祭。

7. 唐玄宗天宝七年（748），敕诏正式立庙，取当时将相德业可称者配享，以太公配文王，以召公配武王。

8. 唐宪宗元和十四年（819），诏饬咸阳周文王祠宇"精加修饰"。

9. 宋太祖建隆二年（961），诏："其周文王庙宜令有司，准令三年一享，岁仲春月行享，牲用太牢，以羊豕代，祀官以本州长吏有政遣佐宾行事。仍令选祭器送之陵侧。"

10. 宋太祖建隆四年（963），诏："周文王武王给守陵五户，蠲其他役,春秋奉祀。他处有庙祠者,亦各祭享。周成王康王各给三户,岁一享。"

11. 宋太祖开宝三年（970），诏："西京凤翔雍耀等州，周文成康三王……凡二十七陵，所在长吏致祭。"

12. 宋太祖开宝六年（973），大修周四王陵墓及陵园内建筑、祠庙等（《大宋重修周武王庙碑》《周文武成康庙记》碑1963年移至今咸阳市博物院。旧志载有《大宋新修周武王墓碑》《大宋新修周康王庙碑》）。

13. 宋徽宗政和三年（1113），礼议局上王礼新议，仲春仲秋，享历代帝王。周文王以周师鬻熊配，武王以太保召康公配。

14. 金章宗泰和五年（1205），始祭三皇五帝四王，诏定前代帝王合致祭者，不须御署，不降祝版，而令学士院撰祝文。前代帝王三年一祭，于仲春之月祭周文王、武王于京兆府。

15. 元仁宗延祐年间（1314—1320），咸阳贡士、渭城学博祭酒、元圣周公六十五代孙姬丰，篡订姬宗世谱。

16. 明洪武四年（1371），遣侍仪舍人闵毅致祭（周陵博物馆存祭文王碑）。

17. 明正统四年（1439），遣西安府通判陈和致祭于周文王（《周陵志》录文）。

18. 明景泰元年（1450），遣翰林院编修刘俊致祭（《周陵志》录文）。

19. 明天顺元年（1457），遣中书舍人周曷致祭。

20. 明成化元年（1465），遣口润伯曹振致祭。

21. 明弘治元年（1488），遣恭顺侯吴铿致祭（周陵博物馆存祭文王碑）。

22. 明正德元年（1506），遣中书舍人庞璁致祭（周陵博物馆存祭文王、武王碑各一通）。

23. 明嘉靖元年（1522），遣隆平侯张玮致祭（周陵博物馆存祭文王、武王碑各一通）。

24. 明嘉靖二十九年（1550），各陵前树立标志碑（现周公墓存"周元圣周公之墓"碑）。

25. 明隆庆元年（1567），遣宁晋伯致祭。

26. 明万历元年（1573），遣刑科都事中乌升致祭。（周陵博物馆存祭武王碑）

27. 明万历四十三年（1615），咸阳知县马洵与县丞李祖树、典史李时辉重修文武二陵及周公、太公二墓。

28. 明天启元年（1621），遣锦衣卫□正二品□□□□侯冒国致祭（周陵博物馆存祭武王碑）。

29. 清顺治八年（1651）四月七日，以恭上昭圣慈寿星皇太后尊号礼成，遣礼部尚书王铎致祭（周陵博物馆存祭文王、武王碑各一通）。

30. 清康熙五年（1666），致祭（《周陵志》录文）。

31. 清康熙七年（1668），遣工部右侍郎杨运昌致祭（周陵博物馆存祭康王碑）。

32. 清康熙十四年（1675）十二月，册立皇太子，遣吏致祭（《周陵志》录文）。

33. 清康熙十五年（1676）二月七日，以建储加上太皇太后、皇太后徽号，遣内阁侍读学士王敷致祭（周陵博物馆存祭文王碑一通）。

34. 清康熙二十一年（1682）二月，以滇省荡平，遣工部右侍郎苏拜致祭（周陵博物馆存祭成王满汉文碑）。

35. 清康熙二十二年（1683），咸阳知县祁光晋作咏咸阳十胜诗，邑人魏毓翁画十胜图，"文陵蓊郁"为十胜之三。

36. 清康熙二十五年（1686），周公七十三代孙肇封袭翰林院五经博士野沛然暨次男枝蕃奉祭周公墓，陪祭七十四代裔孙姬士廉、姬篆、姬卜世、林庙举事姬士彬、咸阳县儒学生员姬士雅，祭碑背面线刻周陵区位平面图（碑现立周公墓前）。

37. 清康熙二十七年（1688）十二月十七日，以孝庄文皇后升祔太庙礼成，遣鸿胪卿刘楷致祭（周陵博物馆存祭文武王满汉文碑一通）。

38. 清康熙三十五年（1696）正月，以迩年郡县水旱间告，年谷歉登，遣都察院左佥都御史常翼圣致祭。同年五月二十六日，以战灭噶尔丹，遣官致祭（《周陵志》录文）。

39. 清康熙三十七年（1698），咸阳知县毛溶因伐文陵柏树被免职。

40. 清康熙四十二年（1703）三月，以五十万寿，遣官致祭。十月，大驾西巡，驻跸洪洞县，遣官致祭周文武成康陵，并命祭文王武王，由翰林院拟撰祭文，康熙帝御名致祭（周陵博物馆存祭文武王碑各一通）。

41. 清康熙四十八年（1709）三月，以复册立皇太子，遣官致祭（《周陵志》录文）。

42. 清康熙五十二年（1713）五月二十二日，以六十万寿，遣官致祭（周陵博物馆存祭文武王碑各一通）。

43. 清康熙五十七年（1718）十二月，以孝慈惠皇后升衬太庙，遣官致祭（《周陵志》录文）。

44. 清康熙六十一年（1722）十二月，世宗宪皇帝登极，遣官致祭（《周陵志》录文）。

45. 清雍正元年（1723）二月六日，以恭上圣祖仁皇帝谥礼成，遣官致祭（周陵博物馆存祭文武王碑一通）；十一月，以圣祖仁皇帝配天地坛礼成，遣官致祭；十二月，以册立皇后礼成，遣官致祭（《周陵志》录文）。

46. 清雍正十三年（1735）二月，咸阳县重修文武成康四王庙于城内，《重修周文武成康王庙碑》碑；十月，以高宗登极改元，遣官致祭（《周陵志》录文）；十一月，以恭上世宪皇帝尊谥礼成，遣官致祭（《周陵志》录文）；十二月，以恭上皇太后徽号礼成，遣官致祭（《周陵志》录文）。

47. 清乾隆元年（1736）正月，遣太仆寺少卿鲁国华致祭（周陵博物馆存祭文武王碑一通）。

48. 清乾隆二年（1737）八月，遣日讲官起居注翰林院侍读学士加二级纪录二次世臣致祭（周陵博物馆存祭文王碑一通）。

49. 清乾隆十四年（1749）四月，以平定金川，恭上皇太后徽号礼成，册封皇贵妃摄六宫事礼成，遣官致祭（《周陵志》录文）；九月，以册立皇后，加上皇太后徽号礼成，遣官致祭；十一月，以皇太后六旬万寿，恭上徽号礼成，遣官致祭（周陵博物馆存祭文王碑一通）。

50. 清乾隆十七年（1752）二月二十日，遣太常上寺卿涂逢震致祭（周陵博物馆存祭文王碑一通）。

51. 清乾隆二十年（1755）九月十三日，以平定准噶尔，恭加上皇太后徽号礼成，遣官致祭（周陵博物馆存祭文王碑、武王碑各一通）。

52. 清乾隆二十五年（1760）正月，以西师克捷，回部荡平，遣都察院副都御史赫庆致祭，并遣都察院副都御使赫庆致祭（周陵博物馆存祭文王碑一通）。

53. 清乾隆二十六年（1761）十二月，以皇太后七旬万寿大庆，恭加徽号礼成，遣官致祭（《周陵志》录文）。

54. 清乾隆二十七年（1762）二月二十二日，遣宗人府府丞储麟致祭（周陵博物馆存祭文王碑一通）。

55. 清乾隆三十六年（1771）十一月，以皇太后八旬万寿，恭加徽号礼成，遣官致祭（《周陵志》录文）。

56. 清乾隆三十七年（1772）二月，遣宗人府府丞李友棠致祭（周陵博物馆存祭文王碑一通）。

57. 清乾隆四十一年（1776）七月二十九日，以平定金川，恭上皇太后徽号礼成，遣官致祭（周陵博物馆存平定两金川告功文碑一通，祭周文王碑一通）。

陕西巡抚毕沅考历代帝王将相陵墓立碑，周文武成康四王及周公、太公等皆立碑。

58. 清乾隆四十五年（1780）三月二十四日，以皇上七旬万寿，遣官致祭（周陵博物馆存祭文王碑一通）。

59. 清乾隆五十年（1785）三月二十六日，以皇帝御极五十年大庆，遣官致祭（周陵博物馆存祭文王碑一通）。

60. 清乾隆五十五年（1790），以皇帝八旬万寿，遣官致祭（《周陵志》录文)。

61. 清嘉庆元年（1796）四月十四日，以授受大典礼成，遣官致祭（周陵博物馆存祭文王碑一通）。

62. 清嘉庆五年（1800）三月六日，恭奉高帝纯皇帝升配南北郊礼成，遣户部右侍郎周岱致祭（周陵博物馆存祭文王碑一通）。

63. 清嘉庆十四年（1809）四月，皇帝五旬万寿，遣官致祭（周陵博物馆存祭文王碑一通）。

64. 清嘉庆二十四年（1819）四月五日，遣都察院左副御史和桂致祭（周陵博物馆存祭文王碑一通）。

65. 清嘉庆二十五年（1820），宣宗成皇帝登极，遣官致祭（《周陵志》录文）。

66. 清道光元年（1821），奉仁宗睿皇帝升配南北郊礼成，遣官致祭（《周陵志》录文）。

67. 清道光八年（1828），恭上恭慈康豫安成皇太后徽号，遣官致祭（《周陵志》录文）。

68. 清道光三十年（1850），文宗显皇帝登极，遣官致祭（《周陵志》录文）。

69. 清咸丰二年（1852），恭奉室宣成皇帝升配南北郊礼成，遣官致祭（《周陵志》录文）。

70. 清咸丰十一年（1861）十月，穆宗毅皇帝新政，遣官致祭（《周陵志》录文）。

71. 清同治十二年（1873）十月，遣西安副都统图明额致祭文王、武王陵（周陵博物馆存祭文王、武王碑各一通）。

72. 清光绪六年（1875），皇帝登极，遣官致祭（《周陵志》录文）。

73. 清光绪十三年（1887），皇帝亲政，遣官致祭（《周陵志》录文）。

74. 清宣统元年（1909）乙酉，皇帝登极，遣官致祭（《周陵志》录文）。

75. 中华民国十三年（1924）十二月一日，康有为拜谒周陵，其间向民众发表讲演，要保护陵园建筑、保护林木等，并训斥孙扶万等人"周陵何以有汉物"之提问。

76. 中华民国十五年（1926），镇嵩军祸陕，在文陵顶挖战壕、炮沟。

77. 中华民国十八年（1929），上海中国济生会等各善团捐款4900余元，工赈修缮周陵献殿五间、两庑十间、前殿三间、牌坊一座、大门及左右房屋、墙垣370丈（周陵博物馆存重修周文王陵碑记）。

78. 中华民国二十一年（1932），咸阳县长刘国安督教育局长刘汝容，在文陵建县立第一民众教育馆（周陵博物馆存创立文陵民众教育馆碑记）。国民政府委员张继谒拜周陵，并拨款万元修缮陵墓建筑，植树千余株。

79. 中华民国二十三年（1934），戴季陶捐款增修新式大门一座（文陵民众教育馆已改为咸阳县立第二小学），琉璃浮雕装饰，气势宏伟，中额横牌书"周文武陵"，两侧为时任西安师范校长侯佩仓撰文、岐山县县长段绍岩（明达）书写的长联"耿光大列启西周表海诘戎稼穑贻谋十五世，俊德殄功崇懋缋据泾浮渭葱笼佳气万千春"，同时由戴季陶将木牌楼中额"文王坊"改为"文化之祖"。同年，西北农学院（今西北农林科技大学）将文陵外余地尽数购买作为林场，成、康二王陵外余地仿此（旧志载：文武陵有地3顷22亩，奉祀生陵户 4 名；成王陵有地 1 顷 80 亩，陵户 2 名；康王陵有地 1 顷，陵户 2 名；共王陵及周公墓陵户各 2 名）。

80. 中华民国二十四年（1935），戴季陶筹款，围文王陵、武王陵一周种植柏树 18000 余株，形成了文王陵、武王陵园的绿色围墙。

81. 中华民国二十四年（1935），西京筹备委员会修周陵至茂陵道路，并在道旁植树 1080 株。1937—1940 年植树 5000 株。

82. 中华民国二十八年至二十九年（1939—1940）己卯至丙辰，周陵中学校长王藩成带领周中学生及家长，拆成王陵、康王陵、周公墓、太公墓前的破旧献殿、牌坊，取木料砖瓦修建校舍等。在成王陵前土中发现贝壶类生物石化一块，后将其嵌于戏楼东山墙之上。

83. 中华民国二十九年（1940），杨虎城、冯玉 - 祥拜谒周陵。同年，新四军政治部主任袁国平谒拜周陵，并为周陵中学题词"读书不忘救国，救国不忘读书"。

84. 中华民国三十年（1941），翁文浩拜谒周陵。同年，陈嘉庚拜谒周陵，王藩成以砖瓦、文王蒿相赠。

85. 中华民国三十一年（1942），成吉思汗第十八代孙图布升吉尔格勒等蒙汉爱国人士护送大汗灵柩往兰州，途经咸阳，十区专员章烈组织各界人士积极接送。为防日机轰炸，大汗灵柩在周陵安存一夜，次日起程往兰州。同年，王藩成呈请县政府批准，将咸阳城内北街安国寺中的七间睡佛大殿拆迁搬运周中，修建礼堂定名为"总理纪念堂"（即今之前献殿）。以后几年对陵区进行大规模改建，玉藩成带领学生在陵园内植树约 10000 余株（包括文王陵顶），移历代祭碑到享殿于献殿与献殿加以保护。

86. 中华民国三十六年（1947）丁亥，中央陆军军官学校校长、五十二军军长关麟征拜谒周陵。

87.1956 年 8 月 6 日，陕西省人民政府公布周陵为第一批重点文物保护单位（内容包括嵌于享殿内墙上的张琼碑）。

88.1958 年 6 月，中国科学院院长郭沫若陪同参加亚洲太平洋会议的全体代表参观周陵。同年，咸阳市"城市维护队"30 余名职工在一月内动用架子车将周陵 800 余株柏树移到和平路（今人民路）两侧。

89.1960 年，著名书法家舒同拜谒周陵。

90.1963 年，咸阳市博物馆建成，移周陵享殿内张琼碑等部分碑石入馆。

91.1984 年,咸阳市文管会在文王陵前竖省级文物保护单位标志碑。

92.1990 年 1 月 11 日，渭城区政府公布周公墓、伯禽墓为第二批区级重点文物保护单位。

93.1997 年 1 月，渭城区人民政府向社会发书《关于整修周陵募捐活动的公告》。

94.1997 年 2 月，经陕西省文物局批准，渭城区人民政府成立周陵文物管理所，副科级单位，定编 5 人，同时将文王陵、武王陵的重点保护区土地、大殿院内及司马道部分的建筑划归周陵文管所管理。4 月，渭城区委组织部任命李迎教为周陵文管所所长。同年，陕西省文物局、渭城区政府拨款 56 万余元对大殿、东西配殿、碑廊进行修缮，拆除中殿，修登陵台阶，在大殿内塑文王、武王像。是年像成，各界民众上万人前来祭拜。

95.1998 年 9 月，全国百名市长冒着中雨考察周陵。

96.1999 年清明节,40 多名台湾同胞在祭完黄帝陵后,祭祀周陵。

附

录

97. 2000 年 8 月 30 日，渭城区区长会议纪要决定，将周陵中学所属教学楼以东 62.5 亩土地及地面建筑和周陵农场所属陵区土地 320 亩及柏树林划拨归文物局，用于文物保护。同年 11 月 10 日，渭城区人民政府公布姜子牙墓为第三批区级重点文物保护单位。

98. 2001 年 9 月，成立周陵旅游开发管理处，为事业编制，企业管理，定编 23 人。周陵农场调 23 名职工编入。文物局任命周陵文管所所长李迎教兼主任，副主任张志刚、徐光杰（北杜文管所借调）。

99. 2002 年 8 月，经渭城区委、区政府同意，渭城区文物旅游局决定，借调秦遗址博物馆副馆长张俊辉兼任周陵旅游开发管理处主任，张志刚、宋永利（周陵文管所干部）为副主任。

100. 2004 年 8 月 14 日，周陵职工代表大会成立，宋永利任工会主席，李巧凤为组织委员，冯琨为宣传委员。同年，周陵旅游开发管理处在献殿布展西周历史壁画作为陈列内容，在东配殿成立了"周易研究预测馆"，在西配殿陈列咸阳名人字画展，对外开放。

101. 2004 年，陕西省文物局拨款 15 万元，由周陵文管所组织实施对木牌坊进行修缮，修缮后的牌楼上额匾恢复"文王坊"字样。

102. 2005 年 8 月，渭城区委组织部任命张俊辉为周陵文物管理所副所长（宁联卫调离），区文物旅游局同时任命张俊辉为周陵旅游开发管理处主任、李巧凤为副主任、冯琨为主任助理。同年清明节，由周陵旅游开发管理处主办，五凌源酒业有限公司承办"清明周陵公祭大典"，请市和区政协、人大领导参加，从此恢复中断近半个世纪的"咸阳祭周"大典。文建国为主祭人，周陵旅游开发管理处主任张俊辉致辞。

103. 2006 年 7 月 4 日，世界华人联合会主席、第九届世界易经大会暨首届易文化节主席、华人国际新闻出版集团总编辑吉祥教授、世界华人联合会易经研究院副院长、世界全球华人联合会易经研究院堪舆研究室主任、中国中原易经研究院副院长郭景喜，世界华人联合会投资委员会委员、华人国际新闻出版集团兰州代表处首席代表张建新一行到访咸阳市，进行公祭周陵。中共咸阳市委书记、咸阳市人大常委会主任张立勇陪同。

104.2006年冬，周陵旅游开发管理处对献殿屋顶进行修缮，拆去殿内原周陵中学的现代装修并恢复原样，对内屋顶木料实施保护、喷漆，总投资2万元。

105.2007年4月，渭城区委组织部任命张俊辉为周陵文物管理所所长（李迎教调离）、刘霞为副所长。4—6月，经陕西省文物局批准，陕西省考古研究院开始实施国家文物局"十一五"计划课题，根据大遗址保护项目前期调查工作安排，对周陵进行全面调查，周陵陵园形制等相关情况基本普查清楚。

106.2008年4月4日，在蒙蒙春雨中，省市代表、咸阳文化艺术界上千人，怀着赤诚之情，带着尊崇之意，共同参加了戊子年清明祭拜周陵活动，书画界名人李宏涛宣读祭文。同年10月，周陵旅游开发管理处与咸阳恒辉物流有限公司签订保护利用合同，周陵保护利用项目实施。

107.2009年1月16日，《周陵文物保护规划》评审通过。同年4月4日，咸阳市各界近万人参加周陵景区管委会和周陵镇人民政府主办的己丑年清明公祭周陵大典。

108.2011年4月4日，华夏姬姓文化研究会承办清明周陵公祭大典，主祭人姬虎成。

附

录

169

二、周陵解说词

各位来宾，大家好！欢迎您来到周陵，我是讲解员 XXX，今天由我为各位讲解。

周陵是西周时期文、武、成、康四王及周公、太公、毕公、鲁公等君臣的陵墓所在地，1956 年被陕西省人民政府公布为第一批重点文物保护单位。自古周陵被誉为"文武圣地、礼易之根"，国人一直将文、武、成、康四王与三皇五帝并列，视他们为缔造中华文明有卓越功德的明君圣主，周陵和黄帝陵一样受到后世的尊崇和重视，同时也成为历代祭祀的帝王陵墓，朝廷官府祭祀不绝，如汉武帝元鼎四年封周公第三十六代孙为周子南君，以奉先祀。自宋代起，周陵更是备受重视（主要是对于陵寝的修建），类似的封爵一直延续到中华民国。

周文王、武王在建立"丰""镐"之前，曾都居毕程，此地可以说是周的临时都邑。"武王上祭于毕""葬周公于毕，从文王"是指明文王墓地所在的最早记录。

周陵旅游景区呈前、后两大部分，前面为古建筑区，后面为陵园区（踏着这条司马道，让我们走进周陵）。首先映入眼帘的是这棵"文武柏"，各位也许觉得它就是一棵普通的柏树，其实不然。这棵树的奇特之处在于同一树干上长着两种截然不同的叶子（侧柏、古柏），当地百姓说它是"文武之道"的象征，所以称之为"文武柏"。另外，它种植在陵园司马道的中轴线上，也是不同于我国传统建筑和园林设计常规的，这也是它的另一个独特之处。

首先，迎接我们的是这座木质牌坊，属明清建筑，叫作"文王坊"。它的结构是四柱三孔，斗拱叠压，正面屋檐凌空，四角高挑，最初是传统的过街牌楼。中华民国二十三年（1934），当时的行政院长戴季陶先生前来祭陵，挥笔写下"文化之祖"四个大字并挂在牌楼上。另外，当时的一些爱国志士来周陵中学向学生宣讲孙中山先生的三民主义，因而也叫"民主楼"。1940年前后，新四军政治部主任袁国平、爱国将领关麟征、陈嘉庚就在此向师生做抗战演讲。"文化大革命"时期，它被当作封建主义遗存而要拆除掉，为了保护它有人急中生智用红漆刷掉原字，写上"毛主席万岁"五个大字。因为有了这层政治色彩的保护，它才幸免于难，保存了下来。直到2007年我们对它进行了全面维修，又恢复了昔日的名称"文王坊"。再看后面的戏楼，本来牌坊和戏楼是互不相关的，但在这里二者被有机结合在一起。以前，每年的春秋两季都要举行祭祀活动，就在这里唱戏，那真是"台上鼓乐喧天，台下人头攒动，"场面极为热闹。如今，这里是宣扬周礼文化和文王以德治国思想，构建和谐社会的礼仪平台。

现在我们看到的是献殿（接待来宾的场所），从它的整体风格看为明清建筑，中华民国时曾修缮过，因此遗留有中华民国建筑的痕迹。在整个建筑的前、后墙壁下，共镶嵌有8幅莲花浮雕图案，它们造型各异，形象逼真。

（各位请进）殿内我们用壁画的形式向您展示了周人的发展史，现在就让我们一起来体验这段历史！那么，就从周人的祖先后稷说起：后稷生于尧、舜治天下的上古时期，《史记·周本记》中记载他的母亲姜嫄是有邰氏的女儿，嫁给了帝喾为妻。有一天，姜嫄在野外踩到了一个巨大的足迹，不久就怀孕生下了一个男孩，以为不祥，

附
录

171

便弃之荒野。孩子响亮的哭啼声引来了荒野中的百兽，奇怪的是这些野兽不但不伤害孩子，反而都来喂养他；百鸟也用羽毛为他取暖。姜嫄看到这种情景，把他抱了回来，取名为"弃"，姓"姬"，号"后稷"。"稷"是农作物谷类的总称。弃发明了种植农作物，并且善于农业管理，尧帝知道后推举他为农师，舜帝给了他一个封地邰地（今陕西武功县），赐号后稷，如今在武功县东城门外还有后稷教民稼穑台。姜嫄时期处于母系氏族公社，姜嫄可能是当时姜姓部落的最后一个女性酋长。到了后稷时就已经过渡到了父系氏族制时期，人类从此告别了"只知其母，不知其父"的时代。

到了后稷第四代孙公刘的时候，已经是夏朝后期了，夏王朝的统治力量逐渐削弱。当时，由于西北黄土高原上的游牧部落不断南下侵扰，使周人的居住地邰地受到了严重影响，迫使他们不得不北迁到泾水中游的豳地（今咸阳市旬邑县一带）。迁徙之后，公刘带领族人扩大耕地，学会了畜牧业。大约在殷商之初，周族发展壮大起来，成为一个繁荣富庶的小邦国。

又经历了九代，古公亶父成为周族首领（他是周文王的爷爷）。这时的农业生产和经济迅速发展起来，周族的富庶引起了邻近的北方戎狄部落的不满和贪欲，他们不断侵袭周族，不仅掠夺财物，还掠夺土地和人民。古公亶父为了躲避戎、狄的侵扰，率领族人又迁徙到渭河北岸、岐山之南的平原地带周原（今宝鸡市岐山县）。因为这里土地肥沃、适宜耕种，从此以地为氏，称为周人。古公亶父为了保障周族的生存与发展，开始臣服于商，为的是联合商朝共同对付少数民族的侵犯。在与商的往来中，吸收了不少对周有用的东西，其中极为重要的是文字和青铜冶炼技术。

就在周人励精图治、发展壮大的时候，商朝却逐步走向衰落。商是我国历史上第二个奴隶制王朝，历史大约600年。商朝后期，奴隶制文明高度发展，也就在这时奴隶制危机日益加深，最后随着商朝的覆灭而崩溃。商朝最后一位君王商纣王（帝辛）是有名的暴君，他宠爱妲己，对妲己言听计从。他无限制征用民力建造琼宫瑶台，上面装饰美玉，7年才成，面积有4平方千米，高300米，总计大宫一百，小宫七十三。里面热闹非凡，车水马龙，除了喝酒就是吃肉，并且以3个月作为一夜，长期狂欢。在妲己的唆使下，商纣王设置了炮烙之刑来镇压、恐吓忠臣们进谏。殷商"三仁"都受到迫害，比干以死进谏，被杀；微子启遇难，逃于荒野；箕子佯狂为奴。黄飞虎的妻子和妹妹都被商纣王害死，他一怒之下带着儿子和部下叛出武关，投奔西伯侯姬昌去了。

由于西伯侯姬昌的势力逐渐扩大，再加上北伯侯、崇候虎的谗言，商纣王怀疑姬昌想造反，就把他抓起来关在羑里。姬昌被关了8年，他忍辱负重，食子肉以顾全大局。在这里，他潜心研究八卦，在伏羲八卦的基础上推演为六十四卦，仍然包含在八个卦宫中，共384爻，这就是我们现在所说的"周易"，后来历经孔子、刘伯温等历代易学大师发展与补充，流传至今。之后，姬昌的谋士们收集良马、金银珠宝、美女献给纣王，以此表示周对商的"忠诚"。纣王非常高兴，解除了对姬昌的怀疑，不但把他放回来，还赐予弓、矢、斧、钺等仪仗，表示授权他对一些小的国家有自行征讨的权利。

西伯侯姬昌回来之后，决心发展周的势力与商对抗，他一边修治内政，一边征伐附近的小方国崇国。为了找到灭商的人才，他到处寻访，广招贤士。一日晌午，他小憩梦见一头长着翅膀的飞熊迎

附录

173

面扑来，起来后卜卦的卦象上显示将有贤士出现，于是出去寻访，在渭水南岸遇到一位直针垂钓的老人，口中念念有词："宁在直中取，不向曲中求；不为金鳞设，只钓王与侯。"这就是历史传奇人物姜子牙。姬昌认为姜子牙就是自己要找的人，恳请他来辅佐自己。

周文王治理岐山时，国势发展较快，基本上击退了来自西北方向的游牧部落的威胁，巩固了周族在渭水中游的统治。对内以德治民，广施仁政，社会安定，人民安居，出现了"路不拾遗，夜不闭户"的景象。由于社会风气良好，无违法乱纪，就没有设置牢狱，就有了"画地为牢"这神奇的一幕。

公元前 1044 年，武王姬发率兵从孟津渡过黄河，直逼商王朝首都朝歌（河南汲县）。这时，商纣王才停止歌舞宴乐，准备派兵对抗。当时商王朝的军队主力还在其他地区，一时调不回来，于是临时将奴隶和犯人凑了 17 万人开向牧野。这支军队刚与周军相遇就阵前倒戈，也称之为阵前起义，调转矛头引导周军杀向纣王（这就是历史上有名的"前徒倒戈"的典故）。纣王大败，带着妲己爬上鹿台的摘星楼，一把大火自焚了，商王朝就此灭亡。周武王建立了西周，定都镐京（今西安市西南沣河东岸）。

建立西周两年后，戎马一生的周武王因病去世，由他的儿子成王继承王位，但当时成王还是孩子，无法管理国家政事，由他的叔叔周公代管。在周公管理国家政事的 7 年时间里，平定叛乱，分封诸侯，制礼作乐，使统治制度化、规范化。到了成王、康王时是我国奴隶制历史阶段的鼎盛时期，百业兴盛，国力倍增。那时不用刑罚长达 40 年之久，这就是"成康盛世"，也就是我们现在所说的"前有成康，后有文景"。

周的转折期是从这里开始的——周厉王（姬胡）是第十代王，他重用奸臣荣夷公实行"专利"，把全国的山林川泽都收归为国家所有，不许百姓捕鱼、狩猎、开采，激起了人民的愤怒，纷纷谴责他。周厉王为了镇压人民的舆论，派魏国的巫师进行监视，一旦发现有过激的言行便刑罚处置，于是出现了"国人莫敢言，道路以目，"意思是虽然不敢公开说话，却用怒目相视来表示心中的愤恨。召公劝厉王说道："防民之口，甚于防川。"即用堵住人民嘴的办法来治理国家，比起用堵截洪水的办法来治理水患更加可怕。厉王不听召公的劝告，这样维持了3年，社会矛盾日益尖锐，于公元前841年，终于爆发了"国人暴动"。愤怒的国人（平民）包围了王宫，周厉王狼狈逃地翻墙窜到叫彘的地方，就是现在的山西霍州。这段时间，周公和召公共同执掌政权，史称"共和行政"。共和元年是我国历史上有确切年代记载，也就是干支纪年法。共和十四年时，厉王死于彘。周公、召公立太子静为王，就是"宣王"。宣王为了巩固周王朝的统治，转移内部矛盾，进行了一系列对外战争，使处于崩溃前期的西周王朝得到了短暂的稳定，这就是史称的"宣王中兴"。到了宣王的儿子幽王时，天灾人祸使西周走向灭亡。当时关中地区发生大地震，《诗·小雅·十月之交》中记载："三川（泾、渭、洛）竭，岐山崩。"这样的震情，造成的灾难必然是严重的。幽王的内政黑暗腐朽，人民的苦难不言而喻，王室内部还发生了"夺床"与王位继承权的斗争。幽王为了博得爱妃褒姒的欢心，废掉申王后和申后所生的太子宣臼；立褒姒为后，褒姒的儿子伯服为太子。幽王的做法引起朝臣的普遍反对，也引起了申后的父亲申侯的不满。幽王像是有意要加速西周的灭亡，竟上演了《伊索寓言》中的"狼来了"，

附
录

175

中国版的"烽火戏诸侯"。公元前771年，申侯联合犬戎举兵攻周，幽王带着褒姒逃跑到骊山山下时，幽王被犬戎杀死，褒姒被掳走，镐京被抢劫一空。之后，诸侯们拥立太子宣臼继位，他就是周平王。平王在当时的乱世之下，被迫放弃镐京，在秦襄公等人的护送之下东迁洛邑（河南洛阳市）。从此，历史就进入到东周时期即春秋、战国时期。历史正是在这样一代又一代的王朝更替中不断向前发展的。

我们现在踏进的院子是庙宇区，有正殿、东西配殿和碑廊。眼前的这两块石碑上所刻的就是《周易》六十四卦的卦签。《周易》用"卦"这种独特形式来说明自然界和社会的各种问题，就是以八卦为核心，以阳爻和阴爻相配合，成为六十四卦，每卦六爻，就是三百八十四爻，这一系统使哲学思想与宗教信仰奇妙地结合起来。这在全世界独一无二，西方人说它是——东方神秘之书，《周易》所包含、揭示的信息和内容可以应用到各个方面。通过占卜（占是占卦，卜是问事），可以捕捉所测事物的动态规律，通过展现这种动态的象，可以追索过去、展示现在、预测未来，从而达到趋吉避凶的目的。除此之外，还可以应用到生产、生活、科技、哲学等各个领域。380年前，德国数学家莱布尼兹根据八卦图的原理发明了计算机二进制，震动了世界科学界，所以八卦被称为"计算机之母"。1940年，我国留法学生刘子华用八卦测出了第十颗行星的密度、速度和轨迹，解决了当时无法解决的难题。用于建筑学上的体现就更直观了，北京故宫就是典型的八门九星的设计方式，还有四川都江堰大堤及水流的设计等。各位如果有兴趣或有事要问，待我们参观完毕之后，可以在"文王"那里求签问事。

关于对周陵的祭祀，自古有"咸阳祭周，曲阜祭孔""先祭周王，后祭黄帝"之说，最早的文字记载见于北魏。目前，碑廊中所陈列的40余通碑石，是历代帝王祭祀周陵时所立的祭碑。现存碑石中最早的是北宋开宝六年《大宋新修周武王庙碑》，碑廊陈列的最早的是明洪武三年祭文王武王祝文碑。各个历史时期对周陵的祭祀各不相同，有一年一祭，一年春、秋两祭，三年一大祭。清代的祭祀尤为频繁，凡国家有大事都要祭周陵，祭祀时由皇帝派朝廷命官或是由当地的地方官员代祭。周陵的祭碑就帝王陵而言，年代之连贯、数量之众多在省内乃至国内都是屈指可数的，因此有"周陵小碑林"的美誉。

历代统治者视周陵为圣地，任何不庄重的言行在这里都是不允许的。据说，在清乾隆年间有一位朝廷官员到了周陵，由姬氏第七十七代孙陪同。这位大人转了一圈后，不以为然地说："也没什么嘛，无非就是两个土堆而已。"他的言行被说成是"甩手行御道，仰面笑君王。"乾隆帝知道后龙颜大怒，下一道圣旨将这位官员斩杀于潼关。这就是："祖宗虽远，祭祀不可不诚；子孙虽愚，经书不可不读！"

这是文王八卦（也就是后天八卦），中间的这个图案是八卦的标志，叫作"两仪"，俗称"双鱼"。太极生两仪，两仪生四象（就是四个方位），四象生八卦。我们现在所说的辩证唯物主义在这里得到了充分体现，两仪体现了任何事物发展到一定阶段的时候，就会向另外一端发展。没有单独存在的事情，事情都是相辅相成、千变万化的。

院子里的这些古树，如今已经不多见了。这是两棵古槐树，这是一棵龙槐，据当地老百姓讲：这棵树以前长在正殿的房脊上面，后来被移到了这里，据说它已经上百岁了。这是两棵桂花树，每年八月开花时，满院桂花飘香。具有代表性及纪念意义的是拜台上面的这两棵柏树。1932年，蒋介石携夫人宋美龄前来祭拜周陵，亲手种下了这两棵柏树。

正殿门前的这副对联，是民国时期关中四才子中的候佩仓拟稿，段民达书写的。候佩仓是周陵车村人，当时任西安师范学校校长；段民达（段绍岩）是岐山人，当时任岐山县县长，西北大学是他于民国十一年赴日本考察教育回国之后筹建的。对联的上联是"耿光大烈启西周表海诘戎稼穑贻谋十五世"，下联是"俊德粄功崇懋绘据泾浮渭葱笼佳气万千春"。上联的意思是：文王兴其甲兵，征讨了暴虐的殷纣，创立了周的基业，稼穑为本，发展农桑，西周沿袭一十五代。下联的意思是：武王继文王拨乱反正之才，举贤重才宽以待人之德，发扬光大，勤勉谨慎，谨遵文王之志而治国，使周得以繁荣昌盛。今文、武二王的陵寝，北依泾水，南浮渭水，葱葱郁郁，脉气如春，万古千年长青。

殿内的这三位圣人，中间就是周文王。文王在位50年，做了许多灭商的准备。他与许多商朝的部落、方国结为同盟，征服了犬戎等少数民族。当时他的势力已经达到了商朝的整个西部地区，将都城新建于丰（今西安市长安区西北）。商朝的许多部落、方国纷纷投奔文王，这就是史书上称的"三分天下有其二"的局面。文王为了西周的建立奠定了牢固的基础，但是他没有来得及完成灭商的夙愿，便因病去世了。之后，文王的儿子姬发继承王位，就是历史上有名的周武王。

这位就是周公，周公是武王的弟弟中最有才干的一位。他是我国古代著名的政治家、思想家，政治方面的才能主要体现在武王去世以后，辅佐年幼的成王平安叛乱、分封诸侯、制礼作乐，使西周统治制度化、规范化。思想方面，周公提出"明德慎罚"的思想，对后世影响极为深远。孔子提倡的"仁"的学说，就是周公"敬德"思想的发展与演变。孔子曾经感慨地说："久矣，吾不复梦见周公。"可见他对周公是何等心向神往，我们现在常说的梦见周公就是源于这儿了。通俗地讲，孔子的老师是周公，而统治中国数千年的儒家学说，根基就在于周公思想的发展与延续。

西周在中国历史上有着承前启后的作用，特别是先祖缔造的周文化对后世数千年的影响，可以说是周陵长期以来备受瞩目的根源所在（最后请各位参观后面的陵园区）。

陵园区，目前的占地面积约有700余亩。我们眼前这座形状如"鼎"的陵，是文王陵（鼎是西周时期重要的礼器，是身份、地位和权力的象征）。文王陵高14米，陵基占地面积大约11000平方米（合18亩）。陵前的这块碑石是清乾隆年间陕西巡抚毕沅所立，毕沅在任期间对咸阳原上的陵墓大多进行了考证，碑石上的文字也都出自毕沅之手，可以看出他的书法是很有造诣的，现在他的有些精品字画是限制出境的。

各位请注意！在这里有3块青石，在上面踩一下，便有一种回音。据当地人讲这是陵气所在，踩着它可以平安顺达、步步高升，极为灵验。

文王陵的封土上长有一种红杆蒿，当地人称之为"文王蒿"。据说这种蒿草是文王当年卜卦时所用的，具有避邪去凶之效。当年，蒋介石先生来祭陵时，当地的姬姓后裔以此作为礼物送给蒋先生，据说他带着蒿草走出潼关后，这撮蒿草还散发出一种奇异的香味。

附

录

179

站在陵顶，北面是巍巍九嵕，南面是滔滔渭水，周围有汉、唐诸陵围绕。以前，陵区四周有森森古柏环绕，是中华民国时期行政院长戴季陶派人种植的，当时种了18000余棵柏树，如今保存下来的只有5000余棵了。北面这个形状如"钟"的陵是武王陵，目前的封土高17.5米。东边的小冢是姜子牙的墓。在东北方向距我们这里大约1000～1500米有周公和他的儿子鲁公（伯禽）的墓，它们是正南北方向排列。以文王陵为基点，武王陵在其正北方，成王陵在西南，康王陵在东南方向，而文王陵是面南背北，所以把这种葬制称为"背子抱孙"。原来闻名于世的周文王八卦路和按天象而设计的"二十八宿"，就是按照这种思路布局的，可惜由于后来人为的破坏已难见全迹了。

周陵北至咸阳国际机场1千米，南至咸阳市区3千米，东至西安市20千米。东有机场高速路，西有迎宾大道，南有312国道，交通十分便利。周陵以深厚的"礼""易"文化底蕴，优越的地理位置越来越受到海内外各界人士的关注。

我们热诚地欢迎各界朋友来周陵问"礼"寻"易"、观光旅游、缅怀中华文明圣贤。谢谢！

后　记

1997 年，我从部队转业，来到秦咸阳宫遗址博物馆工作。接到通知后，我一下子懵了，只有高中文化程度的我要在博物馆工作，简直是笑掉大牙的事。但是，当我真实接触到那些祖先遗留下来的精美而神秘的文物时，我被吸引了、震撼了。因而，我发誓要与它们交流，将自己以后的生命情定于文物。我真的认真学习了 10 余年，让自己走进咸阳原这个特定的历史文化氛围之中。

在我学习和工作的历程中，能够得以进步的原因首先是军旅生涯锻炼了我坚忍不拔的毅力，这些年我踏遍咸阳原上的每个文化遗存，上千件文物被我从群众的猪圈、厕所墙、果树房、水渠和田埂小路边征集而来，又一件件地背回博物馆，这为我的学习和研究提供了珍贵的基础资料。其次，军人特有的性格使我能面对自己没有受过高等教育的现实而努力学习，有时提出的幼稚问题让老师们哭笑不得，而且面对考古、文博界的泰斗时我敢于问一些自己想不明白的问题。再者，豪爽、热情的性格使我结识了一大批学习、工作上的良师益友，凡来馆里参观和考察的行业老师我都积极热情地接待，他们都被我热情的态度打动，鼓励我继续学习，并不间断地给我邮寄书籍，在百忙之中写信解答我的疑惑。刘庆柱、史念海、李令福、徐卫民、朱士光、焦南峰、马永赢、姚生民、张德臣、李朝阳、许嘉季、雷依群、梁安等老师都给予我很大帮助，尤其是张德臣、李令福老师多年来一直指导我学习。

2002年，我被调到周陵文管所工作，此时我对文物保护工作和专业资料搜集整理已得心应手。10余年时间里，我从海内外回周陵探校的周陵中学20世纪30年代的校友们那里得到了大量有关周陵的传统文化资料，有些资料现在看来对研究咸阳近代史是相当有意义的。

至于周陵的归属问题，我保留自己的观点，虽不反对大家之言，但我要强调的是周陵所承载1000多年的文化内涵（即"咸阳祭周"）远远超过了其本体文化。毕竟自北魏至今，我们祖祖辈辈都在此祭周，延续千年的"咸阳祭周"文化成了华人的精神支柱，这个文化还需继续。故而在做周陵文物保护规划时，专家学者们听取了我的建议，保留了祭祀区的传统祭祀文化。

在当地政府建设周礼小镇之际，恰逢咸阳市政协编撰出版《咸阳帝陵》这套丛书，邀我编撰《周陵》分册，我愉快地接受了任务，意在弘扬"咸阳祭周"的传统文化。编撰工作得到了周陵街道办事处党工委书记高钰、街道办主任张登伟、区文管会原主任张德臣、区政府原主管文物副区长姚会林、街道办原主任韩宇涛、区政府原副区长王洲、区文物旅游局局长罗民等领导的大力支持与帮助，宋永利、张晓军做了文字校对工作，咸阳市文物旅游局副局长杨军撰写了《问礼周陵》，在此一并感谢。

由于我水平有限，其间漏洞和不到之处很多，特别是存在许多专家不认可之观点，还望众家不吝指正。

张俊辉

2018 年 5 月

后记